KB221154

한국사도 독해가 먼저다

1권 고조선~삼국

교육 R&D에 앞서가는
Key 키출판사

왜 〈한국사〉도 독해를 공부해야 할까요?

한국사는 외워야 할 게 많은 암기 과목이라고 이야기해요.
하지만 역사를 쉽게, 제대로, 재미있게 공부하기 위해서는
중요한 역사 개념과 어휘를 먼저 익힌 다음 독해하는 연습이 필요해요.

국어 과목만 독해 연습을 해야 하는 게 아니에요.
낯선 개념과 알아야 할 어휘가 많은 한국사 공부에도 독해 연습이 꼭 필요해요.

〈한국사도 독해가 먼저다〉의 단계적인 독해 연습으로
어려운 한국사가 재미있어져요!

교과서가 쉬워진다

| 1권 고조선 ~ 삼국 | 2권 통일 신라와 발해 | 3권 고려 | 4권 조선 전기 | 5권 조선 후기 | 6권 근현대 |

중학 한국사 6개 단원 구분 그대로
1개 단원을 1권으로 풀어서 제대로 독해해요.

초등 교과서의 빠진 부분은 채우고
중학 교과서의 어려운 용어는 풀어서
교과서를 **쉽게** 공부할 수 있어요!

왜 〈한국사〉는 흐름을 알아야 할까요?

역사는 옛날 사람들이 살았던 이야기예요. 이야기가 꼬리에 꼬리를 물고 이어지지요.
역사적 사건에는 배경이나 원인이 있고, 그에 따라 새로운 사건과 장면이 펼쳐져요.
그렇기 때문에 역사는 흐름을 파악하는 것이 중요해요.

한국사는 암기 과목이 아니에요.
이야기의 흐름을 잡으면 꼬리에 꼬리를 물고 이야기가 기억된답니다.

<한국사도 독해가 먼저다>의 쉬운 그림과 설명으로
복잡한 한국사의 흐름을 선명하게 기억해요!

흐름이 잡힌다

사건과 사건은 연결하고
한눈에 들어오는 그림으로 역사 개념을 잡아
한국사를 **간단하게** 익힐 수 있어요!

구성과 특징

그림으로 만나는 **개념** | 문장으로 다지는 **어휘** → 글과 그림을 함께 읽는 **독해**

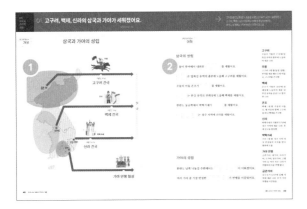

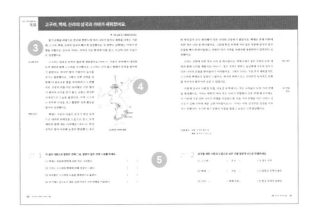

1 그림으로 개념을 잡아요.

‣ 핵심 개념을 한눈에 파악하고 그림 덩어리로 기억할 수 있어요.

2 한 문장으로 개념을 정리해요.

‣ 개념 어휘의 뜻을 익히고 문장에 개념 어휘를 넣어 확실하게 이해할 수 있어요.

‣ 핵심 개념을 한 문장으로 명확하게 정리하여 이해할 수 있어요.

3 핵심 개념을 확인하며 글을 읽어요.

‣ 문단 요약어로 지문에서 다루는 핵심 개념을 미리 확인할 수 있어요.

‣ 교과서 여러 쪽에 흩어져 있는 내용을 한 편의 지문에 짜임새 있게 담아, 핵심 개념을 분명하게 이해하고 글의 구조를 파악하여 효과적으로 글을 읽을 수 있어요.

4 지도와 사진 자료를 글과 함께 보아요.

‣ 글을 읽으며 역사의 시간적 흐름을 파악하고, 글과 더불어 지도와 사진 자료를 보며 공간적 맥락을 파악할 수 있어요.

‣ 역사적 사실을 씨실과 날실처럼 짜 맞추어 입체적으로 기억할 수 있어요.

5 바탕 독해력을 키워요.

‣ **바르게 읽기**: 주어진 지문을 바르게 읽으며 내용을 정확하게 파악하는 '사실적 이해' 능력을 키울 수 있어요.

‣ **연결하여 읽기**: 사건이 일어난 순서를 연결하거나 인물과 사건을 연결하며 역사 독해에 꼭 필요한 유기적 관계 파악 능력을 키울 수 있어요.

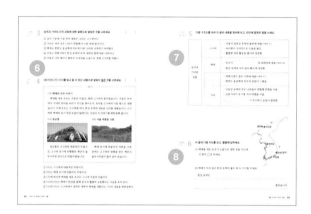

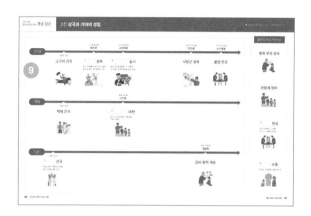

6 심화 독해력을 키워요.

- ‣ **자세히 읽기**: 지문 내용을 자세히 파고들어 읽으며 글의 세부 내용을 구체적으로 파악하는 '분석적 이해' 능력을 키울 수 있어요.
- ‣ **깊이 읽기**: 지문을 <보기> 글과 연결해서 읽으며 주어진 정보를 근거로 삼아 판단을 이끌어 내는 '추론적 이해' 능력을 키울 수 있어요.

7 구조도로 요약해요.

- ‣ **구조도 정리하기**(단답형): 지문을 구조화한 도표 안에 알맞은 어휘를 채우면서 글의 내용을 짜임새 있게 정리할 수 있어요.

8 서술형 쓰기까지 익혀요.

- ‣ **백지도에 표시하기**(활동형, 단답형): 학습 내용과 관련된 지문 속 역사 지도 정보를 떠올려 백지도 위에 표시하면서 중요한 내용을 또렷하게 기억할 수 있어요.
- ‣ **서술형 쓰기**(힌트형 서술 문제): 출제 의도에 맞게 학습한 내용을 풀어 쓰면서 지식을 논리적으로 서술하는 능력을 키우고 학습 내용을 자기 것으로 만들 수 있어요. 문장 일부를 길잡이로 제시해 두어 서술형 쓰기에 쉽게 접근할 수 있어요.

9 개념을 모아서 정리해요.

- ‣ **개념 용어 쓰기**(단답형): 각 장에서 공부한 개념을 연표처럼 한데 모아 보면서 나누어져 있어서 헷갈리기 쉬운 역사 흐름을 직관적으로 기억하고 중요 개념을 되새길 수 있어요.

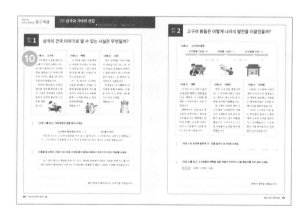

10 탐구형 문제로 심화 독해력과 서술형 실력을 키워요.

- ‣ **탐구형 독해**: 각 장에서 중요한 탐구 주제를 살피고 이와 관련된 사료를 바탕으로 독해를 하며 깊이와 밀도가 더해진 심화 독해력을 키울 수 있어요.
- ‣ **서술형 쓰기**(핵심어 제시형 서술 문제): 주어진 핵심어나 문장 형식에 따라 서술하는 문제를 통해 '힌트형 서술 문제'보다 한 단계 높아진 쓰기 유형으로 서술형 쓰기에 대한 자신감을 키울 수 있어요.

차례

학습 계획

구분	일차	공부한 날	스스로 평가	다시 공부
DAY 01	1장 / 01	월 일	☺ ☹ ☹	☐ ☐ ☐
DAY 02	1장 / 02	월 일	☺ ☹ ☹	☐ ☐ ☐
DAY 03	1장 / 03	월 일	☺ ☹ ☹	☐ ☐ ☐
DAY 04	1장 / 04	월 일	☺ ☹ ☹	☐ ☐ ☐
DAY 05	1장 / 05	월 일	☺ ☹ ☹	☐ ☐ ☐
DAY 06	확인 학습	월 일	☺ ☹ ☹	☐ ☐ ☐
DAY 07	2장 / 01	월 일	☺ ☹ ☹	☐ ☐ ☐
DAY 08	2장 / 02	월 일	☺ ☹ ☹	☐ ☐ ☐
DAY 09	2장 / 03	월 일	☺ ☹ ☹	☐ ☐ ☐
DAY 10	확인 학습	월 일	☺ ☹ ☹	☐ ☐ ☐
DAY 11	3장 / 01	월 일	☺ ☹ ☹	☐ ☐ ☐
DAY 12	3장 / 02	월 일	☺ ☹ ☹	☐ ☐ ☐
DAY 13	3장 / 03	월 일	☺ ☹ ☹	☐ ☐ ☐
DAY 14	3장 / 04	월 일	☺ ☹ ☹	☐ ☐ ☐
DAY 15	확인 학습	월 일	☺ ☹ ☹	☐ ☐ ☐
DAY 16	4장 / 01	월 일	☺ ☹ ☹	☐ ☐ ☐
DAY 17	4장 / 02	월 일	☺ ☹ ☹	☐ ☐ ☐
DAY 18	4장 / 03	월 일	☺ ☹ ☹	☐ ☐ ☐
DAY 19	확인 학습	월 일	☺ ☹ ☹	☐ ☐ ☐

1장

고조선과 여러 나라의 등장

01. 한반도에 사람이 살기 시작했어요.

정답과 해설 1쪽

그림으로 만나는
개념

구석기 시대의 생활 모습

약 70만 년 전

뗀석기

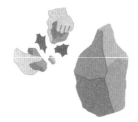

돌을 떼어 내서
도구를 만듦

사냥·채집

사냥과 채집으로
먹을거리를 구함

이동 생활

무리 지어 이동하며
동굴이나 바위 그늘에 삶

문장으로 다지는
어휘

구석기 시대
(옛구 돌석 도구기 -)
뗀석기를 만들어 사
용하던 시기. 약 70
만 년 전부터 시작됨.

뗀석기
(- 돌석 도구기)
돌을 깨뜨리거나 떼
어 내서 만든 도구.

사냥
도구를 이용해 산이
나 들에서 짐승을 잡
는 일.

채집
(캘채 모을집)
식물, 곤충 등을 널리
찾아서 얻거나 캐서
모으는 일.

이동 생활
(옮길이 움직일동 -)
한곳에 계속 머무르
지 않고 다른 데로 옮
겨 다니며 사는 생활.

약 70만 년 전, 만주와 한반도에 [   ]가 열렸어요.

구석기 시대에는 돌을 떼어 내어 [   ]를 만들어 썼어요.

뗀석기를 사용해 동물을 [   ]하거나 열매를 [   ]해서 먹을거리를 구했어요.

사람들은 동굴이나 바위 그늘에 살면서 먹을거리를 찾아 [   ]을 했어요.

신석기 시대의 생활 모습

약 1만 년 전

간석기

돌을 갈아서
도구를 만듦

농경·목축

먹을거리를 마련하려고
농경과 목축을 시작함

정착 생활

움집을 짓고
한곳에 머물러 삶

신석기 시대	간석기	농경	목축	정착 생활
(새**신** 돌**석** 도구**기** -)	(- 돌**석** 도구**기**)	(농사**농** 농사지을**경**)	(기를**목** 가축**축**)	(정할**정** 붙을**착** -)
간석기를 만들어 사용하던 시기. 약 1만 년 전부터 시작됨.	돌을 갈고 다듬어서 만든 도구.	논밭을 갈아 농사짓는 일.	소, 돼지, 양 등의 가축을 기르는 일.	일정한 곳에 자리 잡고 머물러 사는 생활.

약 1만 년 전, 기후가 오늘날처럼 따뜻해지면서 ☐☐☐ ☐☐☐가 열렸어요.

★ 신석기 시대에는 돌을 갈아 ☐☐☐를 만들어 썼어요.

사람들은 이때 처음으로 농☐과 ☐☐을 시작했어요.

그러면서 움집을 짓고 한곳에 ☐☐☐☐을 하게 되었어요.

한반도에 사람이 살기 시작했어요.

▼ 다음 글을 읽고 물음에 답하세요.

선사 시대

아주 먼 옛날, 인류의 역사가 문자로 기록되기 전인 시대를 '선사 시대'라고 해요. 인류는 문자를 만들면서 기록을 남길 수 있게 되었어요. 이렇게 문자로 쓰여진 기록이 남아 있는 시대를 역사 시대라고 하고, 그 이전을 선사 시대라고 해요. 인류가 제일 처음 사용한 도구는 돌로 만든 도구, 즉 석기였어요. 이러한 도구의 발달에 따라 선사 시대를 구석기 시대와 신석기 시대 등으로 구분해요.

구석기 시대의 생활 모습

우리 조상들이 살아온 땅, 만주와 한반도에서는 지금으로부터 약 70만 년 전에 구석기 시대가 시작되었어요. 구석기 시대 사람들은 먹을거리를 구하기 위해 동물을 사냥하거나 물고기를 잡았고, 열매를 채집하기도 했어요. 그런데 당시 동물들은 매머드와 같이 몸집이 거대한 짐승이 대부분이었어요. 그래서 사람들은 여럿이 무리를 지어 사냥했고, 사나운 동물과 추위, 비바람을 피해 주로 동굴이나 바위 그늘에 살았어요. 그러다가 근처에서 구할 수 있는 먹을거리가 다 떨어지면 다른 곳으로 다 함께 이동했어요.

구석기 시대의 도구

구석기 시대에는 돌을 떼어 내어 뗀석기를 만들었어요. 처음에는 주먹도끼처럼 큼직한 뗀석기를 만들어 여러 가지 용도로 사용했어요. 사냥할 때도 사용하고, 고기를 자르거나 나무를 손질할 때도 사용했지요. 그러다가 슴베찌르개처럼 작고 섬세한 뗀석기를 만들어 한 가지 용도로 사용하게 되었어요. 슴베찌르개는 사냥할 때 사용한 뾰족한 뗀석기로, 창처럼 긴 자루에 꽂아 사용했어요.

▲ 주먹도끼　　▲ 슴베찌르개

바르게 읽기

1 **이 글의 내용으로 알맞은 것에 ○표, 알맞지 않은 것에 ✕표를 하세요.**

(1) 선사 시대는 문자가 만들어지기 이전과 이후로 나뉜다. 　　(　　　)

(2) 구석기 시대에는 돌을 떼어 내어 뗀석기를 만들어 썼다. 　　(　　　)

(3) 신석기 시대에는 농경과 목축이 시작되면서 사냥을 하지 않게 되었다. 　(　　　)

(4) 신석기 시대에는 바닷가나 강가에 움집을 짓고 한곳에 정착하여 살았다. 　(　　　)

시간이 흘러 약 1만 년 전, 추운 빙하기[*]가 끝나고 기후가 따뜻해지면서 신석기 시대가 시작되었어요. 기후가 바뀌면서 사슴이나 멧돼지처럼 몸집이 작고 빠른 동물이 많아지고, 물고기도 풍부해졌어요. 신석기 시대 사람들은 여전히 사냥과 채집, 고기잡이로 먹을거리를 구했어요. 그러면서 농사를 짓고 가축을 기르는 방법도 알게 되었어요. 이러한 농경과 목축의 시작은 사람들의 생활 모습을 바꾸었어요. 신석기 시대 사람들은 더 이상 떠돌아다니지 않고, 바닷가나 강가에 움집을 짓고 한곳에 정착해 살게 되었어요.

신석기 시대에는 돌을 더욱 섬세하게 갈아 간석기를 만들었어요. 돌 화살촉을 사용해 사냥하고, 돌낫과 돌보습, 돌괭이로 농사지으며, 갈돌과 갈판을 사용해 곡식을 갈거나 껍질을 벗겼지요. 또 가락바퀴로 실을 뽑아 옷을 지어 입기도 했어요. 음식을 조리하거나 보관하기 위해 토기도 만들었어요. 빗살무늬 토기는 신석기 시대의 대표적인 토기예요.

▲ 갈돌과 갈판

▲ 가락바퀴

〈낱말 풀이〉 **인류** 사람. 인간을 다른 동물과 구별해서 부르는 말.
문자 인간의 언어를 적는 데 사용하는 기호. 한자, 한글 등이 있음.
만주 중국의 동북 지방. 압록강과 두만강의 북쪽으로, 후에 고조선, 고구려, 발해 등이 세워지기도 함.
빙하기 전 세계적으로 날씨가 추워 빙하(얼음덩어리)가 넓게 발달했던 때.
토기 흙으로 만든 그릇.

연결하여
읽기 **2** **각 시대에 쓰기 시작한 도구로 알맞은 것을 골라 (　　　) 안에 기호를 쓰세요.**

(1) 구석기 시대 (　　　,　　　) 　　　 (2) 신석기 시대 (　　　,　　　)

㉠ 주먹도끼 　　　㉡ 슴베찌르개

㉢ 갈돌과 갈판 　　　㉣ 빗살무늬 토기

3 **구석기 시대 사람들의 생활 모습으로 알맞은 것을 고르세요.** ( )

① 가락바퀴를 이용해 실을 뽑았다.

② 빗살무늬 토기에 음식을 보관했다.

③ 돌낫과 돌괭이를 사용해 농사를 지었다.

④ 바닷가나 강가에 정착해 움집을 짓고 살았다.

⑤ 주먹도끼를 사용해 여럿이 무리를 지어 사냥했다.

4 **이 글과 〈보기〉를 읽고, (가)~(다)에 대한 설명으로 알맞지 않은 것을 고르세요.** ( )

─────────── 〈보기〉 ───────────

(가) 슴베찌르개

한쪽 끝은 날을 뾰족
하게 세웠고, 반대쪽 슴
베 부분은 긴 자루에 꽂
아 끈으로 매어서 창처
럼 사용했습니다.

(나) 갈돌과 갈판

갈돌과 갈판이 짝을
이루었으며, 넓적한 갈
판 위에 곡식이나 열매
를 올려놓고 갈돌을 이
용해 갈았습니다.

(다) 가락바퀴

가락바퀴에는 구멍이
나 있는데, 이 구멍에 실
의 재료를 이은 막대를
끼우고 돌리면 실이 만
들어졌습니다.

① (가)는 사냥할 때 사용한 도구이다.

② (가)는 돌을 떼어 내어 만든 뗀석기이다.

③ (나)는 (가)보다 나중에 만들어진 도구이다.

④ (나)는 음식을 조리하고 보관하는 데 사용한 도구이다.

⑤ (다)는 신석기 시대에 실을 뽑아 옷을 지을 때 사용한 도구이다.

5 다음 구조도를 보며 이 글의 내용을 정리해 보고, 빈칸에 알맞은 말을 쓰세요.

☐☐☐ 시대	신석기 시대

〈생활 모습〉

- 사냥, 고기잡이, 채집으로 먹을거리를 구함.
- 주로 동굴이나 바위 그늘에 살며, 먹을거리를 찾아 이동 생활을 함.

〈도구〉

- ☐☐☐ : 돌을 떼어 내어 만든 도구

〈생활 모습〉

- ☐☐☐ 과 목축을 시작함.
- 움집을 짓고, 한곳에서 정착 생활을 함.

〈도구〉

- ☐☐☐ : 돌을 갈아 만든 도구
- 빗살무늬 토기: 음식을 조리·보관하는 도구

6 이 글과 다음 자료를 읽고, 물음에 답하세요.

신석기 시대 사람들은 땅에 씨앗을 심으면 곡식이 난다는 사실을 알게 되었습니다. 그러면서 (㉠)이 시작되었고, 먹을거리를 찾아 떠돌아다니는 대신 한곳에 정착해 살게 되었습니다. 또 (㉡)이 시작돼 가축을 기르게 되면서 고기를 더 쉽게 얻을 수 있었습니다.

(1) ㉠과 ㉡에 알맞은 말을 쓰세요.

㉠ ------------------------   ㉡ ------------------------

(2) ㉠과 ㉡으로 사람들의 생활 모습이 어떻게 달라졌는지 쓰세요.

신석기 시대 사람들은

-- 살게 되었습니다.

그림으로 만나는
개념

청동기 시대의 생활 모습

농경 발달

생산량이 늘어나
남는 곡식이 생김

사유 재산 발생

남는 곡식이 생겨
사유 재산이 생겨남

계급 발생

많은 재산과 권력을 가진
군장이 나타남

문장으로 다지는
어휘

농경
(농사**농** 농사지을**경**)
논밭을 갈아 농사짓는 일.

사유 재산 (사사로울사
있을유 재산재 낳을산)
개인이 자기 뜻대로 사고팔
수 있는 재산.

계급
(층계**계** 등급**급**)
한 사회에서 신분이나 재산
등이 비슷한 사람들로 이루
어진 집단.

군장
(임금군 어른**장**)
옛날 부족 사회의 우두머리.

청동기 시대에는 전보다 〔　　〕이 더욱 발달해 더 많은 곡식이 생산되었어요.

먹고도 남는 곡식이 생기자 〔　　　〕이라는 개념이 나타났지요.

그리고 재산과 권력에 따라 〔　　〕이 나뉘었어요.

특히 재산과 권력이 많은 사람은 〔　　〕이 되어 부족을 이끌었어요.

청동기 시대의 도구

비파형 동검(청동기)

청동기는 무기나 장신구,
제사용 도구로 쓰임

반달 돌칼(석기)

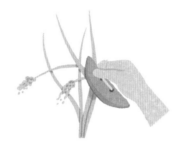

일상생활에서는
여전히 석기를 씀

민무늬 토기

토기에 곡식을
저장하고 조리함

청동기
(푸를청 구리동 도구기)
청동(구리에 주석 등을 섞은 금속)으로 만든 도구.

비파형 동검 (비파비
비파파 모양형 구리동 칼검)
비파라는 악기 모양으로 생긴 청동 칼.

반달 돌칼
곡식의 이삭을 따는 데 쓰던 반달 모양의 돌칼. 두 개의 구멍에 줄을 꿰어 손에 걸어 쥐고 사용함.

민무늬 토기
(- 흙토 그릇기)
무늬가 없는 청동기 시대의 토기. 양옆에 손잡이가 달려 있기도 함.

귀한 ⬚⬚⬚ 는 주로 무기나 장신구, 제사용 도구로 쓰였어요.

대표적인 청동기 시대 유물로는 청동으로 만든 칼인 ⬚⬚⬚⬚⬚ 이 있어요.

하지만 농사 등 일상생활에서는 여전히 ⬚⬚⬚ 과 같은 석기를 사용했어요.

또 농사로 얻은 곡식은 ⬚⬚⬚ 등에 저장하고 조리했어요.

농경이 발달하고 청동기 시대가 찾아왔어요.

▼ 다음 글을 읽고 물음에 답하세요.

청동기 시대

기원전 2000년에서 기원전 1500년경, 만주와 한반도에 청동으로 만든 도구인 청동기가 전해졌어요. 청동은 구리와 주석 등을 녹여 만든 금속이에요. 이제 사람들은 돌 말고 금속으로도 도구를 만들어 사용하게 된 것이지요. 그런데 청동은 재료를 구하기도 힘들고, 만드는 방법도 까다로워서 널리 사용되지는 않았어요.

청동기 시대의 생활 모습

신석기 시대에 시작된 농경은 청동기 시대에 더욱 발달했어요. 조, 피, 기장, 수수 등 다양한 잡곡이 재배되었고, 일부 지역에서는 벼농사도 짓기 시작했어요. 농경이 발달하자 생산량이 늘었고, 먹고도 남는 생산물이 생겼어요. 남는 생산물은 각자의 재산이 되었지요. 그러면서 사유 재산이라는 개념이 생겨났어요.

구석기와 신석기 시대에는 모두가 평등하게 지냈어요. 하지만 청동기 시대부터는 사유 재산이 많고 적음에 따라 빈부* 차이가 생겼고, 계급도 나뉘었어요. 많은 재산과 권력을 가진 사람은 군장이 되어 집단을 이끌었어요. 군장이 죽으면 돌로 만든 무덤인 고인돌을 만들어 묻었는데, 크기가 거대했기 때문에 고인돌을 만들기 위해서는 아주 많은 사람이 힘을 합쳐야 했어요. 그러므로 고인돌은 군장의 권력이 매우 강력했다는 것을 보여 주지요.

군장은 집단을 이끌고 더 많은 식량과 땅을 차지하기 위해 다른 집단과 정복 전쟁*을 벌였어요. 동시에 제사를 주관하며* 자신의 권위를 더욱 높였어요. 농경이 발달했던 청동기 시대에는 날씨가 중요해서 하늘에 제사를 지내는 것을 신성한* 일로 여겼기 때문이에요.

바르게 읽기 **1** **이 글의 내용으로 알맞은 것에 ○표, 알맞지 않은 것에 ×표를 하세요.**

(1) 청동기 시대에는 사람들의 계급이 나뉘었다. ( )

(2) 청동기는 무기와 장신구, 농기구 등에 널리 쓰였다. ( )

(3) 청동기 시대에 일부 지역에서는 벼농사가 이루어졌다. ( )

(4) 청동기 시대에는 더 많은 식량과 땅을 차지하기 위한 전쟁이 벌어졌다. ( )

귀한 청동기는 군장처럼 힘 있는 지배 계급들만 가질 수 있었어요. 청동기는 주로 무기나 제사용 도구, 장신구를 만드는 데 쓰였어요. 만주와 한반도에서 발견되는 청동기에는 비파형 동검과 거친무늬 거울이 있는데, 비파형 동검은 비파라는 악기와 모양이 닮은 청동검이고, 거친무늬 거울은 제사를 지낼 때 사용한 청동 거울이에요.

한편, 농기구와 같은 생활 도구는 여전히 돌로 만든 도구를 사용했어요. 반달 돌칼은 청동기 시대의 대표적인 농기구예요. 반달 돌칼에는 두 개의 구멍이 있어서, 구멍 사이로 끈을 꿰어 손에 걸고 곡식을 거두는 데 사용했어요. 또 돌팽이 등을 사용해 땅을 일구었어요. 그리고 민무늬 토기를 만들어 음식을 조리하고 보관했어요.

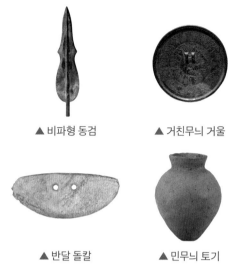

청동기 시대의 도구

▲ 비파형 동검
▲ 거친무늬 거울
▲ 반달 돌칼
▲ 민무늬 토기

〈낱말 풀이〉   **빈부** 가난함과 부유함.
　　　　　　 정복 전쟁 다른 나라나 민족을 공격해 복종하게 하기 위해 벌이는 전쟁.
　　　　　　 주관하다 어떤 일을 책임지고 맡아서 관리하다.
　　　　　　 신성하다 함부로 가까이할 수 없을 만큼 거룩하고 성스럽다.

연결하여
읽기 **2**   청동기 시대에 사용한 도구를 재료에 따라 알맞게 골라 (　　　　) 안에 기호를 쓰세요.

(1) 청동으로 만든 도구 (　　　, 　　　)　(2) 돌로 만든 도구 (　　　, 　　　)

㉠ 돌팽이　　　　　　　　　　㉡ 반달 돌칼

㉢ 비파형 동검　　　　　　　　㉣ 거친무늬 거울

3 청동기 시대에 볼 수 있는 모습으로 알맞지 <u>않은</u> 것을 고르세요.　　　　　(　　　)

① 비파형 동검을 들고 있는 군장

② 반달 돌칼을 들고 벼를 수확하는 사람

③ 힘을 합쳐 고인돌을 만드는 많은 사람들

④ 구리, 주석 등을 녹여 농기구를 만드는 사람

⑤ 거친무늬 거울을 가지고 제사를 지내는 군장

4 이 글과 〈보기〉를 읽고, 청동기 시대의 사회 모습으로 알맞지 <u>않은</u> 것을 고르세요.

　　　　　(　　　)

〈보기〉

고인돌

　고인돌은 받침돌을 세우고, 그 위에 덮개
돌을 덮어 만들었습니다. 덮개돌은 크고 무
거웠기 때문에 받침돌이 덮일 만큼 흙을 높
게 쌓은 뒤, 통나무를 굴려 힘껏 끌어올려야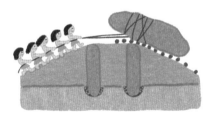
했습니다. 여기에는 수백 명의 힘이 필요하기도 했습니다. 그래서 고인돌의 주인
은 많은 사람에게 일을 시킬 수 있는 지배 계급이라고 짐작할 수 있습니다.

청동기 시대의 마을 모습

　청동기 시대에는 농업이 발달하면서 인구가 늘고, 마을의 크기도 커졌습니다.
동시에 식량을 빼앗기 위한 정복 전쟁도 자주 일어났습니다. 그래서 사람들은 마
을을 지키기 위해 마을 주변에 나무 울타리를 겹겹이 둘렀고, 깊은 도랑을 파서
물을 채워 놓기도 했습니다.

---

① 고인돌을 만들기 위해서는 많은 사람이 힘을 합쳐야 했다.

② 거대한 고인돌은 군장의 권력이 강했다는 것을 보여 준다.

③ 청동기 시대는 재산과 계급의 차이가 없는 평등한 사회였다.

④ 청동기 시대에는 식량과 땅을 둘러싸고 집단 간에 정복 전쟁이 일어났다.

⑤ 청동기 시대 사람들은 다른 집단의 침입을 방어하기 위해 울타리나 도랑을 만들었다.

구조로
정리하기

5 다음 구조도를 보며 이 글의 내용을 정리해 보고, 빈칸에 알맞은 말을 쓰세요.

청동기 시대의 생활 모습	청동기 시대의 도구

청동기 시대의 생활 모습

농경이 더욱 발달해 생산량이 늘어남.

↓

남는 생산물이 재산이 되면서
☐☐☐☐ 개념이 생겨남.

↓

빈부 차이가 생기고, ☐☐ 이 나뉨.

↓

많은 재산과 권력을 가진 군장이 나타남.

청동기 시대의 도구

- 청동기: 무기, 제사용 도구, 장신구에 쓰임.
  예) ☐☐☐☐☐, 거친 무늬 거울
- 돌로 만든 도구: 생활 도구로 쓰임.
  예) 반달 돌칼, 돌괭이
- 토기: 음식을 조리하고 보관함.
  예) 민무늬 토기

서술형
쓰기

6 이 글과 다음 자료를 읽고, 물음에 답하세요.

청동기 시대에 농경이 발달해 남는 생산물이 생겼습니다.

남는 생산물은 재산이 되었고, (㉠)이라는 개념이 생겼습니다. (㉡)

(1) ㉠에 알맞은 말을 쓰세요.   ㉠ _ _ _ _ _ _ _ _ _ _ _ _ _ _ _

(2) ㉡에 들어갈 청동기 시대의 특징을 쓰세요.

청동기 시대에는 사유 재산이 많고 적음에 따라
_ _

_ _

그림으로 만나는
개념

고조선 건국

(배경)
청동기 문화 발달

기원전 2333년
고조선 건국

단군왕검

청동기 문화가 발달하면서
부족들이 세력을 다툼

우리 역사상
첫 국가가 세워짐

단군왕검이라는 이름은
제정일치의 지배자를 뜻함

문장으로 다지는
어휘

청동기 문화
(푸를청 구리동 도구기 -)
청동으로 도구를 만들어 사용하던 청동기 시대의 문화.

고조선
기원전 2333년에 단군왕검이 세운 우리나라 최초의 국가.

단군왕검
고조선의 첫 임금. 제사장을 뜻하는 단군과 통치자를 뜻하는 왕검을 합친 말.

제정일치
(제사제 정치정 하나일 이를치)
제사와 정치를 한 사람이 맡아보는 정치 모습.

　　　　　　가 발달하면서 부족 간에 경쟁이 치열해졌어요.

부족들이 세력을 다투는 가운데, 우리 역사 속 첫 국가인 　　　　이 세워졌어요.

고조선은 기원전 2333년에 　　　　이 세웠어요.

단군왕검이라는 이름에서 고조선이 　　　　사회였다는 것을 알 수 있어요.

청동기 문화를 바탕으로 부족끼리 세력을 다투는 가운데
우리 역사상 최초의 국가인 고조선이 세워졌어요.
고조선은 철기를 받아들이고 중계 무역을 하며 크게 성장했어요.

고조선의 성장과 멸망

(배경) 철기 문화 보급	고조선의 성장		기원전 108년 고조선 멸망

| 중국으로부터 철기 문화가 전해짐 | 철기를 적극 받아들여 농업이 발달함 | 중계 무역으로 경제적 이익을 얻음 | 한의 공격을 받고 멸망함 |

철기 문화
(쇠**철** 도구**기** -)
단단한 철로 도구를 만들어 널리 사용하던 철기 시대의 문화.

위만
고조선의 한 시기인 위만 조선을 다스린 왕. 준왕을 몰아내고 왕위에 오름.

중계 무역 (가운데중 이을**계** 무역할**무** 바꿀**역**)
다른 나라로부터 물건을 사 들여 또 다른 나라에 더 비 싸게 되파는 무역 방식.

한
유방이 중국에 세운 나라. 중국 문화의 기틀을 마련함.

기원전 5세기 무렵 중국에서 ☐☐☐☐ 가 차츰 들어오기 시작했어요.

☐☐ 이 왕위에 오른 뒤에는 철기를 적극적으로 받아들여 농업이 크게 발달했어요.

★ 고조선은 ☐☐☐☐ 으로도 많은 경제적 이익을 얻어 세력을 넓혔어요.

이에 위협을 느낀 중국의 ☐ 이 쳐들어왔고, 1년여 뒤 고조선이 멸망했어요.

청동기 문화를 바탕으로 고조선이 세워졌어요.

▼ 다음 글을 읽고 물음에 답하세요.

고조선 건국

청동기 문화가 발달하면서 만주와 한반도에는 군장이 다스리는 여러 부족이 나타났어요. 이들은 다른 부족을 정복하거나 서로 합치며 세력을 넓혔고, 차츰 국가의 모습이 갖춰졌어요. 이 과정에서 우리 역사상 최초의 국가인 고조선이 세워졌어요(기원전 2333).

고조선을 세운 단군왕검의 이름에는 특별한 의미가 담겨 있어요. '단군'은 하늘에 제사를 지내는 제사장을 뜻하고, '왕검'은 나라를 다스리는 통치자를 뜻해요. 즉 단군왕검은 나라를 다스리며 제사도 지내던 지배자였던 것이지요. 이렇게 제사와 정치를 한 사람이 맡아보는 사회를 제정일치 사회라고 해요.

고조선의 성장

기원전 5세기 무렵에는 고조선에 철기 문화가 전해졌어요. 이때 고조선은 크게 발전했고, 중국의 연과 맞설 만큼 강한 나라로 성장했어요. 이후 기원전 2세기 무렵 위만이 연에서 무리를 이끌고 고조선으로 들어왔어요. 위만은 세력을 키워 스스로 왕위에 올랐어요(기원전 194). 그런 뒤 철기 문화를 적극적으로 받아들여 고조선을 한층 발전시켰어요. 철은 청동보다 구하기도 쉬운 데다 단단해서 다양한 도구를 만들 수 있었어요. 철로 만든 농기구와 무기를 사용하게 되자, 농업 생산량이 크게 늘었고 다른 지역을 더욱 쉽게 정복해 세력을 크게 넓힐 수 있었어요. 그러는 한편, 고조선은 중국의 한과 한반도 남쪽 나라들이 직접 교역하는 것을 막고, 둘 사이에서 중계 무역을 하며 경제적 이익을 많이 얻었어요.

**바르게
읽기**

1 이 글의 내용으로 알맞은 것에 ○표, 알맞지 않은 것에 ✕표를 하세요.

(1) 고조선은 우리 역사상 최초의 국가이다.　　　　　　　　　　　　(　　　　)

(2) 단군왕검은 제사와 정치를 함께 맡아보았다.　　　　　　　　　　(　　　　)

(3) 고조선에는 3개의 조항으로 이루어진 법이 있었다.　　　　　　　(　　　　)

(4) 고조선은 중계 무역으로 많은 경제적 이익을 얻었다.　　　　　　(　　　　)

고조선은 독자적인 청동기 문화를 이루며 발전했어요. 고조선의 문화유산인 비파형 동검과 탁자식 고인돌이 어디에서 발견되는지를 살펴보면 고조선의 문화 범위를 짐작할 수 있어요. 한편 고조선은 사회 질서를 유지하기 위해 8개의 조항으로 된 8조법을 만들었어요. 오늘날에는 3개의 조항만 전해지는데, 그 내용을 살펴보면 고조선 사회가 사람의 생명을 중요하게 여겼고, 사유 재산을 인정했으며, 노비가 있는 계급 사회였다는 것을 알 수 있어요.

▲ 고조선의 문화 범위

고조선의 세력이 눈에 띄게 커지자, 위협을 느낀 한이 많은 군사를 이끌고 고조선에 침입했어요. 고조선은 1년 가까이 맞서 싸웠지만, 결국 도읍인 왕검성이 함락되면서 멸망하고 말았어요(기원전 108). 그 후 한은 고조선이 있던 지역에 한 군현을 설치해 지배했어요. 그러나 고조선 유민이 저항하고 한반도에 여러 나라가 성장하면서 한 군현은 점차 사라졌어요.

〈낱말 풀이〉 **부족** 옛날에 한 지역에 살면서 같은 조상이나 언어, 종교 등을 가지던 생활 공동체.
독자적 다른 것과 구별되어 특별하고 고유한 것.
함락 적의 성이나 중요한 방어 시설 등을 공격하여 무너뜨림.
한 군현 기원전 108년에 한이 우리나라에 설치한 4개의 행정 구역.
유민 망하여 없어진 나라의 백성.

연결하여
읽기 **2** **다음 사건들을 일어난 순서에 맞게 번호를 쓰세요.**

(1) 단군왕검이 고조선을 건국했다.

(2) 위만이 고조선의 왕위를 차지했다.

(3) 고조선에 철기 문화가 처음 전해졌다.

(4) 고조선의 도읍 왕검성이 한의 군대에 함락되었다.

(   ) → (   ) → (   ) → (   )

자세히
읽기

3 고조선에 대한 설명으로 알맞지 <u>않은</u> 것을 고르세요.　　　　　　　　（　　　　）

① 청동기 문화를 바탕으로 세워졌다.

② 사회 질서를 유지하기 위한 법이 있었다.

③ 단군왕검이 지배하는 제정일치 사회였다.

④ 비파형 동검과 탁자식 고인돌이 만들어졌다.

⑤ 연에서 무리를 이끌고 내려온 위만의 침입을 받아 멸망했다.

깊이
읽기

4 이 글과 〈보기〉를 읽고, ㉠에 들어갈 내용으로 알맞은 것을 고르세요.　　　　（　　　　）

〈보기〉

고조선의 8조법 (일부)

- 사람을 죽인 사람은 사형에 처한다.

- 남을 다치게 한 사람은 곡식으로 갚는다.

- 도둑질한 사람은 노비로 삼고, 용서받으려면 50만 전을
  내야 한다.

- 『한서』 지리지

8조법으로 보는 고조선의 사회 모습

　우리나라 최초의 법은 고조선 때 만들어진 8조법입니다. 그 내용을 살펴보면 고조선의 사회 모습을 짐작할 수 있습니다. 고조선에서는 사람의 생명을 소중하게 여겨서 살인을 하면 사형에 처했습니다. 또 사유 재산이 있었기 때문에 죄를 지으면 곡식으로 갚거나 돈을 내기도 했습니다. 도둑질한 사람은 노비로 삼았는데, 이를 보면 (　　　　㉠　　　　) 사실을 알 수 있습니다.

① 고조선이 제정일치 사회였다는

② 고조선에 철기 문화가 전해졌다는

③ 고조선이 노비가 있는 계급 사회였다는

④ 고조선이 중계 무역으로 많은 이익을 얻었다는

⑤ 고조선이 중국의 연과 맞설 만큼 강한 나라였다는

5 다음 구조도를 보며 이 글의 내용을 정리해 보고, 빈칸에 알맞은 말을 쓰세요.

고조선 건국	고조선의 성장과 멸망

〈건국〉

- 단군왕검이 건국함(기원전 2333).
- 제정일치 사회임.

〈사회 모습〉

- 비파형 동검, 탁자식 고인돌을 통해 문화 범위를 알 수 있음.
- 사회 질서를 유지하기 위해 만든 [ㅤㅤㅤ]이 있음.

위만이 왕위에 오름(기원전 194).

↓

[ㅤㅤㅤ]를 적극적으로 받아들이고,

[ㅤㅤㅤ]으로 경제적 이익을 얻음.

↓

한에 왕검성이 함락되어 멸망함(기원전 108).

6 이 글과 다음 지도를 보고, 물음에 답하세요.

(1) 지도의 ㉠에 들어갈 나라 이름을 쓰세요.

㉠ --------------------

(㉠)의
문화 범위

비파형 동검
탁자식 고인돌

(2) 고조선의 문화 범위를 짐작하는 방법을 쓰세요.

고조선의 문화 범위를 짐작할 수 있습니다.

----

04. 이후 철기 문화를 바탕으로 부여와 고구려가 일어났어요.

그림으로 만나는
개념

부여

위치와 환경

통치 모습
연맹 왕국

풍습
순장

제천 행사
영고

다섯 부족이 연합해
나라를 이룸

높은 사람이 죽으면
노비 등을 함께 묻음

매년 12월마다
하늘에 제사를 지냄

문장으로 다지는
어휘

부여
만주 지역에 있었던 우리나라 초기 국가의 하나.

연맹 왕국
(이을연 맹세맹 임금왕 나라국)
여러 부족이나 나라가 하나로 합쳐 이룬 국가.

순장 (따를순 매장할장)
지배층이 죽었을 때, 그 가족이나 노비 등을 함께 묻는 장례 풍습.

영고 (맞을영 북소리고)
12월에 열린 부여의 제천 행사. 온 백성이 모여 하늘에 제사를 지내고, 춤과 노래를 즐김.

철기 문화를 바탕으로 만주 쑹화강 유역의 평야 지역에 □□가 세워졌어요.

부여는 다섯 부족이 합쳐 이뤄진 □□□□이었어요.

부여에는 왕이나 귀족이 죽으면 □□을 하는 풍습이 있었어요.

부여에서는 12월마다 □□라는 제천 행사를 열어 하늘에 제사를 지냈어요.

고조선에 전해진 철기 문화가 한반도 전체로 퍼지며
부여, 고구려 등 여러 나라가 세워졌어요.
부여와 고구려는 독특한 풍습이 있었고, 제천 행사를 열었어요.

고구려

위치와 환경	통치 모습 **연맹 왕국**	풍습 **서옥제**	제천 행사 **동맹**
		 신부의 집 / 서옥	
	다섯 부족이 연합해 나라를 이룸	신랑이 일정 기간 신부 집의 서옥에 머무름	매년 10월마다 하늘에 제사를 지냄

고구려
주몽이 기원전 37년에 압록강 유역의 졸본에 도읍하여 세운 나라.

연맹 왕국
(이을**연** 맹세**맹** 임금**왕** 나라**국**)
여러 부족이나 나라가 하나로 합쳐 이룬 국가.

서옥제 (사위서 집옥 법도제)
신랑이 신부의 집 뒤편에 지은 '서옥'에 머물다가 자녀가 성장한 뒤 함께 신랑의 집으로 가는 혼인 풍습.

동맹 (동쪽동 맹세맹)
10월에 열린 고구려의 제천 행사. 주몽과 그의 어머니 유화를 모시는 제사를 지낸 뒤 춤과 노래를 즐김.

★ 철기 문화를 바탕으로 압록강 유역의 산간 지역에 [＿＿＿＿＿]가 세워졌어요.

고구려도 처음에 다섯 부족이 합쳐 이뤄진 [＿＿＿＿]이었어요.

고구려에는 신랑이 일정 기간 신부 집에 머무르는 [＿＿＿]라는 풍습이 있었어요.

고구려에서는 10월마다 [＿＿]이라는 제천 행사를 열었어요.

철기 문화를 바탕으로 부여와 고구려가 일어났어요.

▼ 다음 글을 읽고 물음에 답하세요.

**여러 나라의
성장**

고조선에 전해진 철기 문화는 한반도 전체로 퍼져 기원전 1세기 무렵에는 철기가 널리 사용되었어요. 철기를 잘 다루는 부족은 예리하고 튼튼한 철제 무기를 이용해 주변 지역을 계속해서 정복해 나갔고, 영토가 넓어지면서 점차 국가로 발전했어요. 그 결과 만주와 한반도에 부여, 고구려, 옥저, 동예, 삼한 등 여러 나라가 성장했어요.

부여

가장 먼저 등장한 나라는 부여로, 만주 쑹화강 유역에 세워졌어요. 부여는 다섯 부족이 합쳐서 이룬 연맹 왕국이었어요. 왕이 있었지만 힘이 강하지 않았고, 부족끼리 모여 살았어요.

부여는 나라를 다섯 지역으로 나눠 왕이 중앙을 다스렸어요. 그리고 부족을 대표하는 4명의 '가'들이 각자 한 지역씩 다스렸어요. 이 지역을 사출도라고 해요. 왕과 가들은 나라의 중요한 일을 함께 의논하고 결정했어요.

부여는 넓은 평야와 초원 지역에 자리해서 농경과 목축이 발달했어요. 해마다 12월이면 부여에서는 영고라는 제천 행사를 열었어요. 하늘에 제사를 지내며 농사가 잘되기를 빌고, 밤새 노래하고 춤추며 온 백성이 함께 어우러지는 자리였지요. 또 부여에는 왕이나 귀족이 죽으면 노비 등을 함께 묻는 순장 풍습이 있었어요.

▲ 여러 나라의 위치

**바르게
읽기** **1** **이 글의 내용으로 알맞은 것에 ○표, 알맞지 않은 것에 ✕표를 하세요.**

(1) 부여는 만주 쑹화강 유역에 세워졌다. ( )

(2) 부여에는 '가'들이 다스리는 사출도가 있었다. ( )

(3) 고구려는 주몽이 압록강 유역의 졸본에 세운 나라이다. ( )

(4) 부여와 달리 고구려는 나라의 중요한 일을 왕이 혼자서 결정했다. ( )

고구려는 압록강 유역의 졸본에 도읍하여 세워졌어요(기원전 37). 부여에서 내려온 주몽이 이곳에 살던 토착 세력과 함께 고구려를 건국했어요. 고구려도 처음에는 다섯 부족이 연합한 연맹 왕국이었어요. 고구려의 다섯 부족은 5부, 각 부족의 대표들은 대가라고 해요. 나라에 중요한 일이 있으면 왕과 다섯 부족의 대가들이 회의를 열어 함께 결정했지요.

고구려는 산이 많고 땅이 거칠어서 농사지을 땅이 부족했어요. 그래서 주변 지역을 적극적으로 정복해서 영토를 넓혔고, 이런 까닭에 말타기, 활쏘기 같은 무예를 중요하게 여겼어요. 그리고 고구려에는 서옥제라는 독특한 혼인 풍습이 있었어요. 부부가 혼인을 하면 신부의 집 뒤편에 '서옥'이라는 작은 집을 지었어요. 서옥은 신랑을 위한 집이라는 뜻이에요. 이곳에 부부가 머무르다가 자식이 자라면 다 함께 남편의 집으로 돌아갔어요. 고구려는 노동력을 중요하게 생각했기 때문에 신랑이 신부의 집에 머무르며 일을 돕도록 한 것이지요. 또 부여와 마찬가지로 고구려에도 제천 행사가 있었는데, 매년 10월마다 동맹이 열려 모두 함께 화합했어요.

〈낱말 풀이〉 **영토** 한 나라가 다스리는 땅.
제천 행사 하늘을 우러르며 제사를 지내는 행사.
토착 세력 대대로 그 땅에서 살고 있거나 그곳에 들어와 자리 잡고 사는 세력 또는 집단.
5부 고구려 초기에 있었던 다섯 부족으로 이뤄진 집단. 계루부, 소노부, 절노부, 순노부, 관노부가 있었음.
노동력 사람이 생활에 필요한 것을 얻기 위해서 일하는 데 필요한 힘.

연결하여
읽기 **2** **부여와 고구려의 특징으로 알맞은 것을 골라 (   ) 안에 기호를 쓰세요.**

(1) 부여 (,   )   (2) 고구려 (,   )

㉠ 산이 많고 땅이 거칠었다.   ㉡ 넓은 평야와 초원이 있었다.

㉢ 영고라는 제천 행사를 열었다.   ㉣ 서옥제라는 혼인 풍습이 있었다.

3 부여와 고구려의 공통점으로 알맞지 <u>않은</u> 것을 고르세요. ( )

① 농경과 목축이 발달했다.
② 철기 문화를 바탕으로 세워졌다.
③ 매년 정해진 달에 제천 행사를 열었다.
④ 다섯 부족으로 이루어진 연맹 왕국이었다.
⑤ 나라의 중요한 일을 왕과 부족의 대표들이 함께 의논했다.

4 이 글과 〈보기〉를 읽고, 부여의 왕과 가들이 할 말로 알맞지 <u>않은</u> 것을 고르세요. ( )

〈보기〉

부여의 사출도

　부여에는 왕이 있었다. … 가축 이름으로 관직 이름을 정했는데, 마가, 우가, 저가, 구가 등이 있다. … 가는 각자 사출도를 다스렸는데, 큰 곳은 수천 집이며, 작은 곳은 수백 집이었다.

- 『삼국지』 위서 동이전

부여의 가

　부여에서는 왕 바로 아래에 '가'라는 네 명의 높은 관리들이 있었습니다. 그리고 '가'의 이름은 마가(馬 말 마), 우가(牛 소 우), 저가(猪 돼지 저), 구가(狗 개 구)와 같이 가축 이름을 따서 지었습니다. 부여는 목축이 발달했고, 그래서 가축을 매우 중요하게 여긴 것으로 보입니다.

　부여의 왕은 가들이 의논해서 뽑았습니다. 그런 만큼 가의 권력이 강했기 때문에 나라에 흉년이 들면 가들이 왕에게 책임을 물어 내쫓거나 죽이기도 했습니다.

---

① 왕: 부여에서 왕의 힘은 강하지 않았네.
② 마가: 내 관직 이름에서 '마'는 말을 의미하네.
③ 우가: 우리 가들은 왕을 뽑기도 하고, 왕을 내쫓기도 했지.
④ 저가: 우리 가들은 사출도라는 곳을 각자 한 지역씩 다스렸다네.
⑤ 구가: 관직 이름을 가축에서 따온 것은 부여가 무예를 중요하게 여겼기 때문이지.

다음 구조도를 보며 이 글의 내용을 정리해 보고, 빈칸에 알맞은 말을 쓰세요.

부여	고구려

〈위치와 통치 모습〉	〈위치와 통치 모습〉
- 만주 쑹화강 유역에 세워짐. - 농경과 목축이 발달함. - 다섯 부족으로 이뤄진 연맹 왕국임. - '가'가 다스리는 [ ]가 있 었음.	- 압록강 유역의 졸본에 세워짐(기원전 37). - 정복 활동을 활발히 함. - 다섯 부족으로 이뤄진 연맹 왕국임. - 왕과 대가들이 회의하여 나랏일을 결 정함.
〈풍습〉	〈풍습〉
- 순장이라는 장례 풍습이 있었음. - [ ]라는 제천 행사가 열림.	- [ ]라는 혼인 풍습이 있었음. - 동맹이라는 제천 행사가 열림.

이 글과 다음 자료를 읽고, 물음에 답하세요.

혼인할 때 말로써 먼저 정하고, 신부의 집 뒤편에 작은 집을 짓는데, 그 집을 서옥이라고 부른다. ··· 자식이 자라 어른이 되면 남편은 아내를 데리고 자기 집으로 간다. ─『삼국지』위서 동이전

(1) 위와 같은 풍습이 있던 나라의 이름에 ◯표 하세요.

(부여 , 고구려)

(2) 이러한 풍습이 있었던 까닭을 쓰세요.

신랑이 신부의 집에 머무르며 일을 돕도록 했습니다.

----

05. 또한 철기 문화를 바탕으로 옥저와 동예, 삼한도 일어났어요.

정답과 해설 5쪽

그림으로 만나는
개념

옥저와 동예

위치와 환경	통치 모습 **군장 국가**	풍습		제천 행사 **무천**(동예)

민며느리제(옥저)   **책화**(동예)

왕이 없고
군장이 다스림

여자아이를 키워
며느리로 삼음

마을의 경계를
침범하면 배상함

매년 10월마다
제천 행사를 지냄

문장으로 다지는
어휘

옥저
철기 문화를 바탕으로 함경도 함흥 부근 해안가에 세워진 나라.

동예
철기 문화를 바탕으로 강원도 북부 동해안에 세워진 나라.

민며느리제
장차 며느리가 될 여자아이가 신랑 집에 머물러 살다가 어른이 된 후 혼인하는 풍습.

책화 (꾸짖을책 재앙화)
다른 지역의 경계를 함부로 침범했을 때 소, 말로 물어 주던 동예의 풍습.

무천 (춤출무 하늘천)
10월에 열린 동예의 제천 행사. 제사를 지내고, 술을 마시며 춤과 노래를 즐김.

철기 문화를 바탕으로 동해안에는 옥[ ]와 [ ]가 세워졌어요.

옥저와 동예에는 왕이 없었고 **군장**이 각 지역을 다스렸어요.

옥저에는 [ ], 동예에는 [ ]라는 독특한 풍습이 있었어요.

또 동예에서는 10월마다 [ ]이라는 제천 행사를 열었어요.

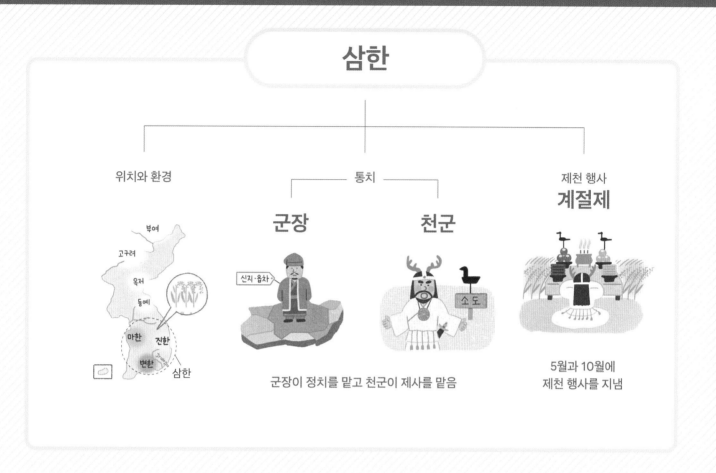

삼한

| 위치와 환경 | 통치 | | 제천 행사 계절제 |

군장 | 천군

군장이 정치를 맡고 천군이 제사를 맡음

5월과 10월에 제천 행사를 지냄

삼한
철기 문화를 바탕으로 한반도 남쪽에 세워진 마한, 진한, 변한을 묶어 부르는 말.

군장 (임금군 어른장)
옛날 부족 사회의 우두머리.

천군 (하늘천 임금군)
삼한에서 하늘에 대한 제사를 맡아보던 제사장. 군장의 힘이 닿지 않는 신성한 지역인 소도를 다스림.

계절제 (- 제사제)
계절에 따라 풍요를 기원하며 지내는 제사. 삼한에서는 씨 뿌리는 5월과 곡식을 걷는 10월에 지냄.

한반도 남쪽에는 작은 나라들이 모여 **마한**, **진한**, **변한**의 세 나라를 이뤘어요.

이 세 나라를 통틀어 [   ]이라고 해요.

삼한은 [   ]이 각 소국을 다스렸고, [   ]은 소도에서 제사를 주관했어요.

삼한에서는 벼농사가 발달해 제천 행사로 [   ]를 일 년에 두 번 지냈어요.

철기 문화를 바탕으로 옥저와 동예, 삼한도 일어났어요.

▼ 다음 글을 읽고 물음에 답하세요.

옥저와 동예

철기 문화를 바탕으로 만주와 한반도 북쪽에 부여와 고구려가 일어날 무렵, 한반도 동해안에는 옥저와 동예가 자리를 잡았어요. 옥저와 동예는 땅이 비옥해 농사가 잘되었고, 해산물도 풍부했어요. 덕분에 생활이 풍요로웠지요. 하지만 한반도 동쪽에 치우쳐 위치한 탓에 새로운 문물을 받아들이기 어려웠고, 고구려에 눌려 강력한 나라로 성장하지 못했어요. 두 나라에는 왕이 없었고, 읍군이나 삼로라고 불리는 군장이 각 지역을 다스렸어요.

옥저와 동예에는 각 나라만의 독특한 문화가 있었어요. 먼저 옥저에는 며느리로 삼을 여자아이를 미리 데려다가 키우는 혼인 풍습이 있었어요. 이를 민며느리제라고 해요. 여자아이가 다 자라 성인이 되면 그때 며느리로 삼았지요. 또 가족이 죽으면 시신을 일단 묻어 두었다가 나중에 뼈를 모아서 가족 공동 무덤에 함께 묻는 장례 풍습이 있었어요.

한편, 동예는 씨족끼리 모여 살았어요. 그리고 산과 강을 경계로 마을을 나누었어요. 동예는 각 씨족의 영역을 중요하게 생각해서 누군가 마을의 경계를 침범하면 소나 말로 배상하게 했어요. 이를 책화라고 해요. 그리고 동예에는 족외혼이라는 혼인 풍습이 있었어요. 족외혼은 같은 씨족끼리는 혼인하지 않고 다른 부족 사람과 결혼하는 것을 말해요. 족외혼에 따라 혼인 관계를 맺은 두 부족은 가까운 사이가 되어 평화롭게 지낼 수 있었어요. 또, 동예에서는 10월마다 무천이라는 제천 행사를 열었어요.

바르게 읽기

1 이 글의 내용으로 알맞은 것에 ○표, 알맞지 않은 것에 ×표를 하세요.

(1) 옥저와 동예는 토지가 비옥하고 해산물이 풍부했다. ( )

(2) 삼한은 마한, 진한, 변한의 세 나라를 통틀어 이른다. ( )

(3) 옥저는 일 년에 두 번, 5월과 10월에 제천 행사를 열었다. ( )

(4) 옥저와 동예, 삼한에는 모두 왕이 없었고 군장이 다스렸다. ( )

한반도 남쪽에서는 여러 개의 소국[*]이 모여 마한, 진한, 변한이라는 세 나라를 이루었어요. 이 셋을 통틀어 삼한이라고 해요. 삼한에도 왕이 없었고, 신지, 읍차라고 불리는 군장이 각각 소국을 다스렸어요. 그런데 삼한의 군장들은 나라의 제사를 맡지 않고, 천군이라는 제사장을 따로 두었어요. 천군은 소도라는 지역에 머무르며 제사를 주관했지요. 소도는 신성한 지역이었기 때문에 죄인이 숨어들어도 천군이 허락하지 않으면 군장조차 함부로 잡아가지 못했어요.

삼한은 기름진 평야가 넓게 펼쳐져 있고 기후가 따뜻해 벼농사가 잘되었어요. 그래서 일 년에 두 번 제천 행사를 치렀어요. 씨를 뿌리는 5월과 곡식을 거두는 10월에 계절제를 지냈지요. 한편, 변한에서는 철이 많이 나서 철을 화폐처럼 사용하기도 하고, 낙랑[*]과 일본에 팔기도 했어요.

▲ 여러 나라의 위치

〈낱말 풀이〉 **씨족** 같은 조상을 가진 집단. 씨족이 모여 부족을 이룸.
　　　　　배상하다 손해를 물어 주다.
　　　　　소국 작은 나라.
　　　　　소도 삼한에서 하늘에 제사를 지내던 장소. 천군이 독립적으로 다스리는 신성한 지역이었음.
　　　　　낙랑 한 군현 중 하나로, 황해도 지역에 있던 행정 구역. 313년에 고구려에 정복됨.

연결하여
읽기

2 **각 나라와 관련 있는 것을 골라 (　　　) 안에 기호를 쓰세요.**

(1) 옥저 (　　,　　)　(2) 동예 (　　,　　)　(3) 삼한 (　　,　　)

ㄱ 소도　　　　　　　　　　ㄴ 책화
ㄷ 계절제　　　　　　　　　ㄹ 족외혼
ㅁ 민며느리제　　　　　　　ㅂ 가족 공동 무덤

3 다음과 같은 풍습이 있었던 나라의 위치로 알맞은 것을 고르세요. ( )

여자의 나이가 열 살 정도일 때 미리 혼인을 약속하고, 신랑 집에서 여자를 데려와 기른다. 여자가 어른이 되면 자기 집으로 돌아가고, 신랑이 예물을 주고 다시 데려와 아내로 삼는다. - 『삼국지』위서 동이전

① (가)　　　　② (나)　　　　③ (다)

④ (라)　　　　⑤ (마)

4 이 글과 〈보기〉를 읽고, ㉠에 대한 설명으로 알맞지 <u>않은</u> 것을 고르세요. ( )

〈보기〉

- 하늘에 대한 제사를 주관하는 사람을 천군이라고 부른다. ㉠ 에는 각각 별도의 구역들이 있는데, 이를 소도라고 한다. 소도에는 큰 나무를 세우고 방울과 북을 매달아 놓았다. … 소도로 도망쳐 온 사람은 누구든 돌려보내지 않았다. - 『삼국지』위서 동이전

- ㉠ 에서는 5월이면 항상 씨뿌리기를 마치고 제사를 지낸다. 무리를 지어 모여서 노래와 춤을 즐기며 술을 마시고 노는데, … 10월에 농사일을 마친 뒤에도 이렇게 한다. - 『삼국지』위서 동이전

① 일 년에 두 번 제천 행사를 치렀다.

② 땅이 기름지고 기후가 따뜻해서 벼농사가 잘되었다.

③ 일부 지역에서는 철이 많이 나서 낙랑과 일본에 팔기도 했다.

④ 가족이 죽으면 뼈를 모아서 가족 공동 무덤에 함께 묻는 풍습이 있었다.

⑤ 천군이 머무는 소도는 죄인이 숨어들어도 함부로 잡아갈 수 없는 신성한 지역이었다.

5 다음 구조도를 보며 이 글의 내용을 정리해 보고, 빈칸에 알맞은 말을 쓰세요.

| 옥저와 동예 | ☐☐☐ (마한, 진한, 변한) |

〈위치와 통치 모습〉

- 한반도 동해안에 위치함.
- 농사가 발달하고 해산물이 풍부함.
- 군장(읍군, 삼로)이 각 지역을 다스림.

〈풍습〉

- ☐☐☐: 혼인 풍습인 민며느리제, 장례 풍습인 가족 공동 무덤이 있었음.
- 동예: 혼인 풍습인 족외혼, 마을의 경계를 침범하면 배상하는 ☐☐☐, 제천 행사인 무천이 있었음.

〈위치와 통치 모습〉

- 한반도 남쪽에 위치함.
- 벼농사가 발달하고 변한은 철이 풍부함.
- 군장(신지, 읍차)이 소국을 다스리고, ☐☐☐이 제사를 주관함.

〈풍습〉

- 5월, 10월에 계절제를 지냈음.

6 이 글과 다음 자료를 읽고, 물음에 답하세요.

> 이 나라에는 산과 강마다 구분이 있어서 함부로 들어가지 않는다. 이를 어기면 소나 말로 배상하였다. - 『삼국지』위서 동이전

(1) 위와 같은 풍습이 있던 나라의 이름에 ◯표 하세요.

(옥저 , 동예 , 삼한)

(2) 이러한 풍습이 있었던 까닭을 쓰세요.

마을의 경계를 침범하면 배상해야 했습니다.

선사 시대와 청동기 시대

약 70만 년 전

① ☐☐☐ **시대**

약 70만 년 전, 뗀석기를
사용하던 시기.

약 1만 년 전

② ☐☐☐ **시대**

약 1만 년 전, 간석기를
사용하던 시기.

기원전 2000년~기원전 1500년경

청동기 시대

고조선

기원전 2333년

① ☐☐☐ **건국**

기원전 2333년 단군왕검이
세운 우리나라 최초의 국가.

철기 문화 수용

기원전 108년

② ☐☐ **의 공격으로 멸망**

중국에 유방이 세운 나라.

도구의 발달

(구석기 시대) ⟶ (신석기 시대) ⟶ (청동기 시대) ⟶ (철기 보급 이후)

① ☐☐☐

돌을 깨뜨리거나 떼어 내서
만든 도구.

간석기

② ☐☐

청동으로 만든 도구.

철기

여러 나라의 풍습과 특징

부여

순장

① ☐ ☐ ☐
12월에 열린 부여의 제천 행사.

고구려

② ☐ ☐ ☐
신랑이 신부 집에 머물다 자녀가
크면 함께 신랑 집으로 가는 풍습.

동맹

부여

고구려

옥저

옥저

③ ☐ ☐ ☐ ☐ ☐
며느리가 될 여자아이가 신랑 집에
머물다 어른이 된 후 혼인하는 풍습.

동예

④ ☐ ☐
경계를 함부로 침범했을 때
소, 말로 물어 주는 풍습.

무천

동예

마한   진한

변한

삼한

⑤ ☐ ☐
삼한에서 하늘에 대한 제사를
맡아보던 제사장.

계절제

탐구
주제 **1**

구석기, 신석기, 청동기 문화는 어떻게 달랐을까?

〈자료 1〉 **구석기 시대**

우리는 먹을거리를 구하기 위해 여럿이 무리를 지어 사냥하고, 물고기를 잡거나 열매를 채집해. 동굴이나 바위 그늘에 모여 살다가, 근처에 먹을거리가 떨어지면 다른 곳으로 다 함께 이동한단다.

〈자료 2〉 **신석기 시대**

우리도 여전히 사냥과 채집, 고기잡이를 해. 하지만 농경과 목축도 시작했는데, 그러면서 생활이 크게 달라졌어. 우리는 이제 떠돌아 다니지 않아. 바닷가나 강가에 정착해 마을을 이루면서 살고 있어.

〈자료 3〉 **청동기 시대**

구석기와 신석기 시대에는 모두가 평등하게 지냈네. 하지만 우리는 사유 재산이 있고, 재산과 권력에 따라 계급이 나뉘어 있어. 많은 재산과 권력을 가진 사람은 군장이 되어 다른 사람들을 지배하지.

1 〈자료 1〉과 〈자료 2〉를 읽고, ㉠에 알맞은 말을 찾아 쓰세요.

신석기 문화 특별전

- (㉠   )과 목축의 시작으로 변화를 맞이한 시대를 살펴보다 -

9월 한 달간, ○○ 선사 박물관에서 신석기 문화 특별전이 열립니다. 이번 전시회에서는 20여 점의 간석기와 빗살무늬 토기 등 신석기 시대의 다양한 유물을 한자리에서 감상할 수 있습니다.

2 청동기 문화는 구석기·신석기 문화와 어떤 점이 크게 달랐는지 다음 핵심어를 모두 넣어 쓰세요.

핵심어 (청동기 시대) (사유 재산) (계급)

구석기와 신석기 시대에는 모두가 평등하게 지냈지만,

- -

건국 이야기로 본 고조선의 사회 모습은 어땠을까?

〈자료 1〉 『삼국유사』 속 고조선의 건국 이야기

환웅이 바람, 비, 구름을 다 스리는 신하와 인간 세상에 옴.

환웅이 곰에서 사람으 로 변한 웅녀와 혼인함.

환웅과 웅녀가 낳은 단군 왕검이 고조선을 건국함.

〈자료 2〉 고조선의 건국 이야기에 담긴 뜻

고조선의 건국 이야기는 고조선을 건국한 세력이 건국의 신성함과 지배자의 권위를 내 세우려고 만든 이야기입니다. 그 내용을 보면 고조선의 사회 모습을 짐작할 수 있습니다.

환웅은 바람, 비, 구름을 다스리는 신하와 함께 인간 세상에 내려옵니다. 이것은 건국 세력 이 스스로 하늘의 자손이라고 내세웠으며, 고조선 사회가 농사를 중요하게 여겼다는 것을 알려 줍니다. 농사지을 때는 날씨가 중요하기 때문입니다. 또 환웅이 웅녀와 혼인해 단군왕 검을 낳은 것은 환웅의 집단과 곰을 믿는 집단이 연합해 고조선을 세웠다는 것을 뜻합니다.

1 〈자료 1〉과 〈자료 2〉를 읽고, 고조선의 건국 이야기에 담긴 뜻에 알맞게 선으로 연결하세요.

(1) 하늘에서 환웅이 인간 세상에 내려왔다. •

(2) 환웅은 바람, 비, 구름을 다스리 는 신하를 거느렸다. •

(3) 환웅과 웅녀가 낳은 단군왕검 이 고조선을 건국했다. •

• ㉠ 고조선 사회가 농사를 중요하게 생각했다.

• ㉡ 고조선은 두 집단이 연합해서 세운 나라이다.

• ㉢ 고조선의 건국 세력은 스스로 하늘의 자손임을 내세웠다.

2 고조선의 건국 이야기가 만들어진 배경을 다음 핵심어를 모두 넣어 쓰세요.

핵심어 (건국의 신성함) (지배자의 권위)

여러 나라에 독특한 혼인 풍습이 생긴 까닭은 무엇일까?

〈자료 1〉 **서옥제**

　혼인할 때 말로써 먼저 정하고, 신부의 집 뒤편에 작은 집을 짓는데, 그 집을 서옥이라고 부른다. … 자식이 자라 어른이 되면 남편은 아내를 데리고 자기 집으로 돌아간다.

- 『삼국지』 위서 동이전

〈자료 2〉 **민며느리제**

　여자의 나이가 열 살 정도일 때 미리 혼인을 약속하고, 신랑 집에서 여자를 데려와 기른다. 여자가 어른이 되면 자기 집으로 돌아가고, 신랑이 다시 예물을 주고 데려와 아내로 삼는다.

- 『삼국지』 위서 동이전

〈자료 3〉 **혼인 풍습과 노동력의 관계**

　철기 문화의 발달로 철제 무기와 농기구를 사용하게 되면서, 전쟁이 매우 활발해졌고 농업 생산량도 크게 늘어났습니다. 나라가 발전하기 위해서 한 명 한 명의 노동력이 아주 중요해졌고, 그러면서 서옥제, 민며느리제와 같이 독특한 혼인 풍습이 생겨났습니다.

　고구려의 서옥제는 남자가 일정 기간 신부 집에 노동력을 제공하는 풍습이었습니다. 신랑이 신부의 집에 머무르며 일을 돕도록 한 것입니다. 반대로 옥저의 민며느리제는 신랑의 집으로 며느리가 될 여자를 미리 데려와 노동력을 늘리는 풍습이었습니다. 그 후 여자가 어른이 되면, 신랑이 여자의 부모에게 돈이나 가축을 주고 여자를 아내로 맞았습니다.

1　〈자료 1〉 ~ 〈자료 3〉을 읽고, ㉠에 알맞은 말을 찾아 쓰세요.

　오늘은 우리 가족이 다 함께 제 집으로 돌아가는 날이에요. 우리 고구려에는 (㉠　　　　　　)라는 풍습이 있어서 우리 가족은 아이가 다 자랄 때까지 신부의 집에 마련한 서옥에서 살았지요.

2　서옥제와 민며느리제가 생긴 까닭을 다음 핵심어를 모두 넣어 쓰세요.

　핵심어　(철기 문화) (노동력) (혼인 풍습)

여러 나라가 제천 행사를 연 까닭은 무엇일까?

〈자료〉 여러 나라의 제천 행사

고구려 고구려의 모든 남녀가 밤에 모여 노래와 놀이를 즐기며 10월에 제천 행사를 여는데, 이를 '동맹'이라고 한다.

부여 하늘에 제사를 지내며 여러 날을 마시고 먹고 노래하고 춤추는데, 그 이름을 '영고'라고 한다. 이때 형벌을 멈추고 죄수를 풀어 주었다.

삼한 5월이면 항상 씨뿌리기를 마치고 제사를 지낸다. 무리를 지어 모여서 노래와 춤을 즐기며 술을 마시고 노는데, … 10월에 농사일을 마친 뒤에도 이렇게 한다.

동예 해마다 10월이면 하늘에 제사를 지내는데, 밤낮으로 마시며 노래 부르고 춤추니 이를 '무천'이라고 한다.

부여
고구려
옥저
동예
한강
마한 진한
변한

- 『삼국지』 위서 동이전

1 〈자료〉를 보고, 각 나라에서 열린 제천 행사의 이름을 찾아 쓰세요.

	부여	고구려	동예	삼한
제천 행사	(㉠)	(㉡)	(㉢)	계절제(5월, 10월)

2 다음을 참고하여, 여러 나라에서 제천 행사를 연 까닭 두 가지를 쓰세요.

철기 문화를 바탕으로 한 여러 나라에서는 대부분의 사람들이 농사로 먹고살았습니다. 그래서 제천 행사를 열어 농사가 잘되기를 하늘에 빌었습니다. 또 한 나라 안에서도 부족이나 집단마다 전통이 각자 달랐는데, 제천 행사를 열면 모두 한데 어우러져 화합할 수 있었습니다.

철기 문화를 바탕으로 한 여러 나라에서는

우리 겨레의 첫 나라, 고조선은 어떤 나라였을까요?

고조선은 우리 민족이 처음으로 세운 나라예요.
우리나라는 단군왕검이 고조선을 세운 10월 3일을 개천절로 정해서 기념하고 있답니다.

고조선의 원래 이름은 조선이었어요.

단군왕검은 널리 인간을 이롭게 한다는 '홍익인간'의 깊은 뜻으로 고조선을 세웠어요.

그런데 단군왕검이 세운 나라 이름은 원래 '고조선'이 아니라 '조선'이었어요. 고려 시대에 일연이 역사책 『삼국유사』를 지으면서 위만이 왕위에 오르기 이전의 조선을 '고조선'이라고 불렀고, 오늘날에는 1392년에 이성계가 세운 조선과 구별하기 위해 '옛 조선'이라는 뜻으로 고조선이라 부르고 있어요.

우리 민족의 첫 나라이자 마지막 왕조 이름인 '조선'에는 '아침 해가 떠오르는 자리'라는 멋진 뜻이 담겨 있답니다.

단군왕검은 1500년 동안 고조선을 다스렸어요.

『삼국유사』에서는 단군왕검이 아사달을 도읍으로 정하고 고조선을 세운 뒤, 1500년 동안 나라를 다스렸다고 전해요. 단군왕검은 그 후 아사달을 지키는 산신이 되었다고 하지요.

이러한 신비로운 이야기를 보고, 역사학자들은 '단군왕검'이 한 사람의 이름이 아니라 최고 지배자를 부르는 말이었다고 추측해요. 즉, 단군왕검이라고 불리는 여러 명의 지배자가 대를 이으며 1500년 동안 고조선을 다스린 것이지요. '단군왕검'들은 지도자로서 백성을 이끌고, 제사장으로서 하늘을 섬기면서 오랫동안 고조선을 훌륭히 통치했어요.

위만이 왕위에 올라 고조선을 이어 갔어요.

중국의 진이 멸망하고 한이 세워지는 어지러운 때, 위만은 혼란을 피해 무리를 이끌고 고조선으로 내려왔어요. 이후에 위만은 고조선의 준왕을 몰아내고 스스로 왕이 되었지요. 이때부터를 '위만 조선'이라고 부르기도 해요.

위만은 중국에서 넘어왔지만, 고조선 사람처럼 상투를 틀고 흰옷을 입고 있었어요. 또 왕위에 오른 뒤에도 여전히 나라 이름을 조선이라고 한 것으로 볼 때, 우리 민족인 것으로 보여요. 위만이 왕이 된 이후 고조선은 철기 문화를 바탕으로 크게 발전해 '영토가 사방 수천 리에 이르렀다'고 기록될 만큼 성장했어요.

2장

삼국과 가야의 성립

01. 고구려, 백제, 신라의 삼국과 가야가 세워졌어요.

정답과 해설 7쪽

그림으로 만나는
개념

삼국과 가야의 성립

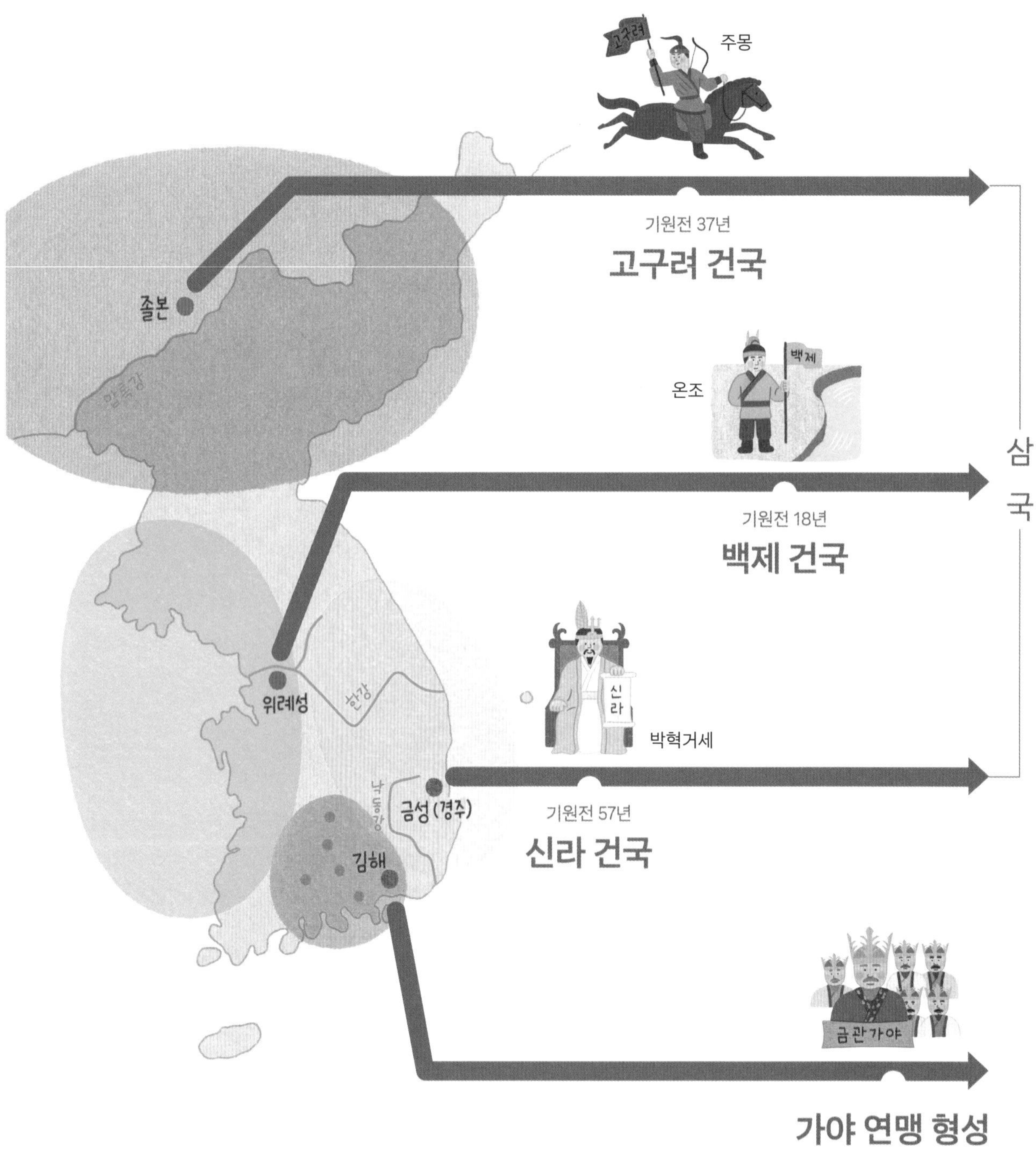

고구려
주몽
기원전 37년
고구려 건국
졸본
압록강
백제
온조
기원전 18년
백제 건국
삼국
신라
박혁거세
위례성
한강
낙동강
금성(경주)
기원전 57년
신라 건국
김해
금관가야
가야 연맹 형성

문장으로 다지는
어휘

삼국의 성립

주몽이 부여에서 내려와 ⬚⬚⬚를 세웠어요.

⬚⬚은 압록강 유역의 졸본에 도읍해 고구려를 세웠어요.

주몽의 아들 온조가 ⬚⬚를 세웠어요.

⬚⬚는 한강 유역의 위례성에 도읍해 백제를 세웠어요.

한반도 동남쪽에서 박혁거세가 ⬚⬚를 세웠어요.

⬚⬚⬚는 경주 지역에 신라를 세웠어요.

가야의 성립

한반도 남쪽 낙동강 주변에서는 ⬚⬚⬚⬚이 이뤄졌어요.

여러 가야 중 가장 번성한 ⬚⬚⬚가 연맹을 이끌었어요.

고구려
주몽이 기원전 37년에 압록강 유역의 졸본에 도읍하여 세운 나라.

주몽
고구려 1대 왕(동명 성왕). 부여를 세운 해모수의 아들로, 고구려를 건국함.

백제
온조가 기원전 18년에 위례성에 도읍하여 세운 뒤 한강 유역을 중심으로 발전한 나라.

온조
백제 1대 왕. 주몽의 아들로, 형 비류와 함께 고구려를 떠나 백제를 건국함.

신라
박혁거세가 기원전 57년에 경주 지역에 세운 나라. 후에 삼국을 통일함.

박혁거세
신라 1대 왕. 경주 지역 여섯 촌장들의 지지를 받아 왕위에 오름.

가야 연맹
금관가야, 대가야, 아라가야, 소가야, 성산가야, 고령가야 등 여러 작은 나라가 연합하여 이룬 연맹 왕국.

금관가야
김수로가 42년에 김해 지역에 세운 나라. 초기 가야 연맹을 이끌었음.

고구려, 백제, 신라의 삼국과 가야가 세워졌어요.

▼ 다음 글을 읽고 물음에 답하세요.

철기 문화를 바탕으로 만주와 한반도에 여러 나라가 일어나 세력을 다투는 가운데, 고구려, 백제, 신라의 삼국이 빠르게 성장했어요. 또 한반도 남쪽에는 가야가 연맹을 이뤘어요. 삼국과 가야는 저마다 다른 환경에 터를 잡고, 조금씩 다른 모습으로 성장했어요.

고구려 건국

고구려는 압록강 유역의 졸본에 세워졌어요(기원전 37). 주몽이 부여에서 내려와 토착 세력과 함께 고구려를 건국했지요. 고구려는 산이 많고 험해서 외적을 방어하기 좋았어요. 하지만 땅이 거칠어서 농사를 짓기는 불편했어요. 그래서 주변 지역을 정복해 더 풍요로운 땅을 차지하려고 노력했어요. 주몽의 뒤를 이은 유리왕은 너른 평야가 펼쳐져 곡식을 얻기 좋고 교통도 편리한 국내성으로 도읍을 옮겼어요. 이후 고구려는 튼튼한 산성*을 짓고 활발한 정복 활동을 벌이며 성장했어요.

▲ 삼국과 가야의 성립

백제 건국

백제는 주몽의 아들인 온조가 한강 유역으로 내려와 위례성을 도읍으로 삼고, 토착 세력과 함께 세운 나라예요(기원전 18). 한강 유역은 땅이 비옥해 농경이 발달했고, 육로*

바르게 읽기

1 이 글의 내용으로 알맞은 것에 ○표, 알맞지 않은 것에 ✕표를 하세요.

(1) 백제는 처음에 변한에 속한 작은 나라였다.　　　　　　　　　　(　　)

(2) 신라는 고구려와 백제에 비해 성장이 느렸다.　　　　　　　　　(　　)

(3) 유리왕은 고구려의 도읍을 위례성으로 옮겼다.　　　　　　　　(　　)

(4) 초기에는 김수로가 세운 금관가야가 가야 연맹을 이끌었다.　　(　　)

와 바닷길이 모두 편리해서 다른 나라와 교류하기 좋았지요. 백제는 본래 마한에 속한 작은 나라 중 하나였어요. 그런데 한강 유역에 자리 잡은 덕분에 중국의 앞선 문물을 빠르게 받아들였고, 마한의 여러 지역을 차례차례 정복하면서 일찍부터 성장했어요.

신라는 진한에 속한 작은 나라 중 하나였어요. 박혁거세가 경주 지역의 토착 세력과 함께 신라를 세웠지요(기원전 57). 경주 지역은 한반도 동남쪽에 치우쳐 있어서 다른 나라의 문물을 받아들이기 어려웠어요. 그래서 신라는 가장 먼저 세워졌지만, 고구려와 백제보다 성장이 느렸어요. 하지만 한편으로는 신라만의 독자적인 문화를 차곡차곡 발전시켜 나갈 수 있었어요.

신라 건국

이렇게 삼국이 이뤄질 무렵, 낙동강 유역에서는 작은 나라들이 모여 가야 연맹을 형성했어요. 가야는 변한의 여러 작은 나라가 연합해서 이룬 연맹 왕국이에요. 이 가운데 가장 강한 나라가 연맹을 이끌었는데, 처음 가야 연맹을 이끈 나라는 김수로가 김해 지역에 세운 금관가야였어요(42). 가야는 비록 삼국만큼 성장을 이루지는 못했지만, 우수한 철기 문화로 이름을 떨쳤고 농업이 크게 발달했어요.

가야 연맹 형성

〈낱말 풀이〉 **산성** 산 위에 쌓은 성.
　　　　　 육로 땅 위로 나 있는 길.

연결하여
읽기 **2** 삼국을 세운 사람과 도읍으로 삼은 곳을 알맞게 선으로 연결하세요.

(1) 고구려 ·　　　　　· 온조 ·　　　　　· ㉠ 경주 지역

(2) 백제 ·　　　　　· 주몽 ·　　　　　· ㉡ 압록강 유역의 졸본

(3) 신라 ·　　　　　· 박혁거세 ·　　　　· ㉢ 한강 유역의 위례성

3 삼국과 가야의 건국 과정에 대한 설명으로 알맞은 것을 고르세요.　　　　（　　　）

① 삼국 가운데 가장 먼저 세워진 나라는 고구려이다.

② 가야는 여러 작은 나라가 연합해서 이룬 연맹 왕국이다.

③ 백제는 한반도 동남쪽에 치우쳐 다른 나라와 교류하기 어려웠다.

④ 신라는 박혁거세가 한강 유역의 토착 세력과 함께 세운 나라이다.

⑤ 주몽은 너른 평야가 펼쳐진 국내성을 도읍으로 정해 고구려를 세웠다.

4 〈보기〉의 (가)~(다)를 읽고 알 수 있는 내용으로 알맞지 <u>않은</u> 것을 고르세요.　　（　　　）

〈보기〉

(가) 백제의 건국 이야기

　백제를 세운 온조는 주몽의 아들로, 원래 고구려의 왕자였습니다. 주몽은 부여에서 지내던 맏아들 유리가 자신을 찾아오자, 유리를 고구려의 다음 왕으로 정했습니다. 이에 온조는 고구려를 떠나 한강 유역에 새로운 나라를 세웠습니다. 고구려와 백제의 초기 무덤 모습이 닮았다는 사실이 이 이야기를 뒷받침해 줍니다.

(나) 장군총

(다) 서울 석촌동 고분

　장군총은 고구려의 대표적인 무덤으로, 고구려 초기에 유행했던 계단식 돌무지무덤 양식으로 만들어졌습니다.

　백제 초기에 만들어진 석촌동 고분 중에는 고구려의 영향을 받은 계단식 돌무지무덤이 많이 남아 있습니다.

① (나)는 고구려의 대표적인 무덤이다.

② (다)는 백제 초기에 만들어진 무덤이다.

③ (가)에 따르면 백제를 세운 온조는 고구려 주몽의 아들이다.

④ (나)와 (다)는 백제가 한강을 통해 중국과 활발히 교류했다는 사실을 보여 준다.

⑤ (나)와 (다)는 고구려에서 내려온 세력이 백제를 세웠다는 (가)의 내용을 뒷받침한다.

5 다음 구조도를 보며 이 글의 내용을 정리해 보고, 빈칸에 알맞은 말을 쓰세요.

삼국과 가야의 성립	고구려	- 주몽이 압록강 유역의 졸본에 세움(기원전 37). - 유리왕이 국내성으로 도읍을 옮김. - 활발한 정복 활동을 벌이며 성장함.
	백제	- 온조가 [ ]의 위례성에 세움(기원전 18). - 한강 유역에 자리 잡아 빠르게 성장함.
	[ ]	- 박혁거세가 경주 지역에 세움(기원전 57). - 한반도 동남쪽에 치우쳐 성장이 느렸음.
	가야	- 낙동강 유역의 작은 나라들이 연합해 연맹을 이룸. - 금관가야가 초기에 가야 연맹을 이끎. - [ ]가 우수하고 농업이 발달함.

6 이 글과 다음 지도를 보고, 물음에 답하세요.

(1) 백제를 세운 온조가 도읍으로 정한 곳을 지도에
서 찾아 ◯표 하세요.

(2) 백제가 자리 잡은 한강 유역의 좋은 점 두 가지를 쓰세요.

한강 유역은
- -

좋았습니다.
- -

02. 이어서 삼국이 나라의 기틀을 다졌어요.

정답과 해설 8쪽

삼국의 성장

고구려

| 고구려 6대 왕 | 고구려 9대 왕 | 고구려 15대 왕 | 고구려 17대 왕 |
| 태조왕 | 고국천왕 | 미천왕 | 소수림왕 |

옥저 정복   **진대법 실시**   **낙랑군 정복**   **율령 반포**

영토를 넓힘   가난한 백성을 도움   한 군현 세력을 몰아냄   국가 체제를 정비함

백제

백제 8대 왕
고이왕

관등제 마련

신하들의 서열을 정리함

신라

신라 17대 왕
내물왕

김씨 왕위 세습   **왕호 변경**

김씨가 왕위를 독점함   왕호를 마립간으로 바꿈

문장으로 다지는
어휘

고구려의 체제 정비

고구려 [   ]은 옥저 등을 정복해 영토를 넓혔어요.

고국천왕은 [   ]을 실시해 백성의 생활을 안정시켰어요.

[   ]은 낙랑군을 정복해 한의 세력을 완전히 몰아냈어요.

[   ]은 율령을 반포하는 등 국가 체제를 정비했어요.

백제의 체제 정비

백제는 [   ] 때 체제를 정비하며 빠르게 발전했어요.

고이왕은 [   ]를 마련해 신하들의 서열을 정리했어요.

신라의 성장

신라는 [   ] 때부터 김씨만 왕위를 물려받았어요.

왕을 부르는 호칭도 이사금에서 [   ]으로 높아졌어요.

태조왕
고구려 6대 왕. 영토를 넓히고, 중앙 집권 국가로 나아가는 기틀을 마련함.

진대법
(구휼할진 빌릴대 법법)
먹을 것이 부족한 봄에 곡식을 빌려주고 가을에 갚게 해 가난한 백성을 돕는 제도.

미천왕
고구려 15대 왕. 중국의 한이 우리 땅에 설치한 낙랑군을 정복하고 영토를 넓힘.

소수림왕
고구려 17대 왕. 불교를 받아들이고 태학을 세우며 율령을 반포하는 등 국가 체제를 정비함.

고이왕
백제 8대 왕. 관등제를 정비하고 영토를 넓히는 등 국가의 기초를 세움.

관등제
(벼슬관 등급등 법도제)
관리나 관직(벼슬)의 등급을 정하는 제도.

내물왕
신라 17대 왕(내물 마립간). 김씨 왕위 세습을 확립하고 마립간을 왕호로 사용함.

마립간
신라에서 한때 왕을 가리켜 부르던 말. 최고 우두머리인 대군장을 뜻함.

삼국이 나라의 기틀을 다졌어요.

▼ 다음 글을 읽고 물음에 답하세요.

만주와 한반도에 자리 잡은 삼국은 점차 세력을 키우며 성장해 갔어요. 밖으로는 주변 지역을 정복해서 영토를 점차 넓히고, 안으로는 국가 체제*를 정비하면서 나라의 기틀을 탄탄히 다졌어요.

고구려의 체제 정비

고구려는 일찍부터 활발하게 정복 전쟁을 펼쳤고, 1세기 후반 태조왕 때는 옥저를 정복했어요. 그 덕분에 고구려는 옥저의 기름진 땅과 바다에서 나던 풍부한 자원을 손에 넣었지요. 2세기에 고국천왕은 고구려의 5부를 행정적 성격으로 바꿨어요. 이때까지 5부는 다섯 부족이 각자 부족의 전통을 지키며 유지되었는데, 5부가 행정 구역처럼 성격이 달라지면서 부족적인 성격이 줄고, 왕의 영향력이 더 커졌어요. 한편, 고국천왕은 가난한 백성에게 곡식을 빌려주는 진대법을 실시해 백성의 생활을 안정시키는 동시에 왕권을 강화했어요.

4세기 초에 미천왕은 낙랑군을 정복해 중국의 한 군현 세력을 한반도에서 몰아냈어요. 그러나 다음 왕인 고국원왕 때 고구려는 위기를 맞았어요. 중국 전연의 공격을 받아 도읍인 국내성이 함락된 데다가, 백제와의 전투에서 고국원왕이 전사하고 말았지요. 이러한 상황에서 왕이 된 소수림왕은 위기를 극복하고 나라를 안정시키기 위해 전쟁을 멈추고 국가 체제 정비에 힘썼어요. 먼저 불교를 받아들여 백성의 마음을 모으고, 교육 기관인 태학을 세워 나랏일을 도울 인재를 길러 냈어요. 그리고 율령*을 반포해 나라의 질서를 바로 세웠어요. 소수림왕의 노력으로 고구려는 안정을 되찾고 크게 발전할 수 있었답니다.

바르게 읽기

1 이 글의 내용으로 알맞은 것에 ○표, 알맞지 않은 것에 ✕표를 하세요.

(1) 태조왕은 옥저를 정복해 풍부한 자원을 확보했다. (   )

(2) 고구려는 고국원왕 때 국내성이 함락되는 등 위기를 맞았다. (   )

(3) 백제의 고이왕은 마한의 여러 소국을 정복하고 관등제를 마련했다. (   )

(4) 신라는 내물왕 때부터 박·석·김의 세 성씨가 돌아가며 왕위에 올랐다. (   )

백제는 3세기 중반 고이왕 때 나라의 기틀을 다졌어요. 고이왕은 마한의 여러 소국을 계속해서 정복해 영토를 넓혔어요. 이제 백제는 마한을 대표하는 나라가 되었지요. 정복 전쟁을 성공적으로 이끈 고이왕은 관등제를 마련해 왕권을 더욱 높였어요. 관직의 등급을 나누고 등급에 맞는 색깔의 관복*을 입게 하자, 신하들의 서열*이 뚜렷하게 정해지면서 왕권이 강해졌어요.

신라는 삼국 중 성장이 가장 느렸어요. 한반도 동남쪽에 동떨어져 있어서 새로운 문물을 받아들이기 어려운 데다가, 오랫동안 박·석·김의 세 성씨가 돌아가며 왕위에 오르다 보니 왕권이 안정되지 못했기 때문이에요. 왕을 부르는 호칭도 단지 나이가 더 많은 사람을 뜻하는 '이사금'이었어요. 그러다가 4세기 후반 내물왕 때 김씨가 단독으로 왕위를 이어 나가게 되면서 왕권이 한층 강해졌어요. 이때부터는 왕호도 대군장을 뜻하는 '마립간'으로 높아졌답니다.

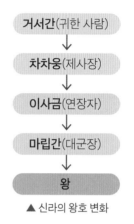

▲ 신라의 왕호 변화

〈낱말 풀이〉 **국가 체제** 나라를 이룬 틀이나 모습.
　　　　　전사하다 전쟁터에서 적과 싸우다 죽다.
　　　　　율령 고대 국가에서, 나라를 다스리기 위해 만든 법.
　　　　　관복 옛날에 관리들이 궁궐에서 일을 할 때 입었던 옷.
　　　　　서열 어떤 기준에 따라 늘어선 순서.

연결하여
읽기 **2** **다음 삼국의 왕들과 업적을 알맞게 선으로 연결하세요.**

(1) 고이왕　　　•　　　　　　　　•㉠ 불교를 받아들이고 율령을 반포했다.

(2) 내물왕　　　•　　　　　　　　•㉡ 왕호를 이사금에서 마립간으로 높였다.

(3) 소수림왕 •　　　　　　　　•㉢ 관직의 등급을 나누고 관복의 색깔을 정했다.

자세히
읽기

3 다음 빈칸에 알맞은 왕을 고르세요.   (   )

고구려 17대 왕

[   ]의 업적

- 불교를 받아들임.
- 태학을 세움.
- 율령을 반포함.

① 고이왕

② 미천왕

③ 태조왕

④ 고국천왕

⑤ 소수림왕

깊이
읽기

4 이 글과 〈보기〉를 읽고, 밑줄 친 (가)에 들어갈 내용으로 알맞은 것을 고르세요. (   )

〈보기〉

1대 (박)혁거세 거서간
2대 (박)남해 차차웅
3대 (박)유리 이사금
4대 (석)탈해 이사금
…
13대 (김)미추 이사금
14대 (석)유례 이사금
…
17대 (김)내물 마립간
18대 (김)실성 마립간
…

고구려와 백제는 일찍부터 '왕'이라는 호칭을 사용했지만, 신라는 오랫동안 왕을 다른 호칭으로 불렀습니다. 신라의 왕은 '혁거세 거서간', '남해 차차웅', '유리 이사금' 등으로 불렸고, 내물왕 때부터 '마립간'이라는 호칭을 사용했습니다. 신라가 '왕'이라는 호칭을 사용한 것은 22대 지증왕 때부터입니다.

한편, 신라 초기에는 박·석·김씨가 돌아가며 왕위에 올랐습니다. 내물왕은 왕권을 강화하고자 _____(가)_____. 이후 신라는 더욱 안정적으로 발전할 수 있었습니다.

① 김씨만 왕위를 계속 이어 나가도록 했습니다

② 옥저를 정복해 풍부한 자원을 손에 넣었습니다

③ 관등제를 마련해 신하들의 서열을 정리했습니다

④ 낙랑군을 정복해 한 군현을 한반도에서 몰아냈습니다

⑤ 나이가 더 많은 사람을 뜻하는 '이사금'으로 왕호를 바꿨습니다

5 다음 구조도를 보며 이 글의 내용을 정리해 보고, 빈칸에 알맞은 말을 쓰세요.

삼국의 성장	고구려	- 태조왕: 옥저를 정복함. - ⬚⬚⬚⬚⬚: 5부를 행정적 성격으로 바꾸고, 진대법을 실시함. - 미천왕: 낙랑군을 정복함. - 소수림왕: 불교를 받아들이고, ⬚⬚⬚⬚을 세우며, 율령을 반포함.
	백제	- 고이왕: 마한의 소국들을 정복하고, ⬚⬚⬚⬚를 마련함.
	신라	- 내물왕: 김씨만 왕위를 이어받게 하고, 왕호를 ⬚⬚⬚⬚으로 높임.

6 이 글과 다음 자료를 읽고, 물음에 답하세요.

고국천왕

> 먹을 것이 없어 노비가 되는 백성들이 있다니, 안타까운 일이로다. 을파소의 제안을 받아들여 앞으로 (㉠)을 실시하겠다. 봄철에 먹을 것이 없는 가난한 백성에게 나라에서 곡식을 빌려주고, 가을에 곡식을 걷고 나면 갚도록 하라.

(1) ㉠에 알맞은 말을 쓰세요.

㉠ _____

(2) 고국천왕이 위와 같은 법을 실시한 까닭을 쓰세요.

고국천왕은
_____

위해서 가난한 백성에게 곡식을 빌려주는 진대법을 실시했습니다.
_____

03. 그러면서 삼국이 중앙 집권 국가로 나아갔어요.

그림으로 만나는
개념

삼국의 왕권 강화

왕위 부자 상속

왕위를 아들에게 물려줌

관등제 마련

관직의 등급을 정함

율령 반포

나라를 다스리는 법을 정함

불교 수용

백성의 사상을 통일함

문장으로 다지는
어휘

왕위 부자 상속
(- 아버지**부** 아들**자** 서로**상** 이을**속**)
아버지가 죽으면 아들이 왕의 자리를 이어받는 것.

관등제
(벼슬**관** 등급**등** 법도**제**)
관리나 관직(벼슬)의 등급을 정하는 제도.

율령 (법률 법령**령**)
고구려, 백제, 신라와 같은 고대 국가에서 나라를 다스리기 위해 만든 법.

불교 (부처**불** 가르칠**교**)
부처의 가르침을 따르는 종교. 깨달음을 통해 행복을 이루고자 함.

삼국의 왕은 [   ]으로 왕권을 강화했어요.

삼국의 왕은 [   ]를 마련해 신하들의 서열을 정리하며 왕권을 강화했어요.

삼국의 왕은 [   ]을 반포해 사회 질서를 바로 세우며 왕권을 강화했어요.

삼국의 왕은 [   ]를 받아들여 백성의 사상을 하나로 모으며 왕권을 강화했어요.

삼국은 영토를 넓히고 체제를 정비해
왕권을 강화하면서
연맹 왕국에서 중앙 집권 국가로 나아갔어요.

중앙 집권 국가로의 발전

연맹 왕국

군장

군장

군장

군장

여러 부족이나 나라가
연합해서 이룬 국가

(왕권 강화) →

중앙 집권 국가

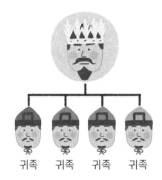

귀족 귀족 귀족 귀족

왕을 중심으로
나라를 다스리는 국가

연맹 왕국
(이을연 맹세맹 임금왕 나라국)
여러 부족이나 나라가 하나로 합쳐 이룬 국가. 나라를 다스리는 세력이 나뉘어 왕의 권력이 약함.

왕권 강화
(임금왕 권세권 강할강 될화)
왕이 가진 권력을 강하고 튼튼하게 하는 것.

중앙 집권 국가
(가운데중 가운데앙 모을집 권세권 -)
권력이 중앙(왕)에 집중되어 왕을 중심으로 나라를 다스리는 국가.

삼국은 처음에 [   ]으로 탄생했어요.

그러다 점차 [   ]을 [   ]하며 국가 체제를 갖추었어요.

⭐ 그리하여 삼국은 [   ]로 발전했어요.

삼국의 왕은 강력한 왕권을 바탕으로 나라를 효율적으로 다스릴 수 있었어요.

삼국이 중앙 집권 국가로 나아갔어요.

▼ 다음 글을 읽고 물음에 답하세요.

중앙 집권 국가   고구려, 백제, 신라는 여러 부족이나 소국이 연합한 연맹 왕국으로 시작했어요. 그래서 하나의 나라였지만 여러 집단으로 나뉘어 각자의 세력을 가지고 있었어요. 그러다 보니 왕에게 권력이 집중되지 않았고, 왕은 나라 전체를 효율적으로 다스리는 데 어려움을 겪었지요. 하지만 삼국이 영토를 넓히는 과정에서 정복 전쟁을 이끌었던 왕의 권력이 점차 강해졌어요. 삼국은 왕권을 더욱 강화하고 나라의 기틀을 다지며 중앙 집권 국가로 나아갔어요. 중앙 집권 국가란 왕을 중심으로 나라를 다스리는 국가를 말해요.

왕위 부자 상속   왕권이 강해지면서 삼국 모두 왕위 부자 상속이 이루어졌어요. 왕이 죽으면 아들이 왕의 자리를 이어받게 된 것이지요. 처음에 고구려와 백제는 가장 힘이 센 부족의 대표가 왕이 되었어요. 신라는 박씨, 석씨, 김씨의 세 집단의 대표가 돌아가며 왕이 되었어요. 그러나 왕위 부자 상속이 이루어지면서 모든 집단이 왕 아래에 귀족으로 흡수되었고, 왕권이 안정적으로 유지되었어요. 고구려에서는 2세기 고국천왕, 백제에서는 4세기 근초고왕, 신라에서는 5세기 눌지왕 이후 왕위 부자 상속이 이루어졌어요.

관등제 마련   또한 삼국은 모두 관등제를 마련해 왕권을 강화했어요. 관직의 등급을 나누고 등급에 따라 관복 색을 다르게 정해 등급이 높고 낮음을 쉽게 알 수 있도록 하자, 왕 밑으로 질서가 바로잡혔어요. 백제는 3세기 고이왕 때, 신라는 6세기 법흥왕 때 관등제를 정비했고, 고구려에도 관등제가 있었어요.

**바르게
읽기** **1** **이 글의 내용으로 알맞은 것에 ○표, 알맞지 않은 것에 ×표를 하세요.**

(1) 신라는 6세기 법흥왕 때 관등제를 정비했다.   (   )

(2) 백제는 삼국 중 가장 늦게 불교를 받아들였다.   (   )

(3) 삼국과 달리 가야는 중앙 집권 국가로 발전하지 못했다.   (   )

(4) 중앙 집권 국가는 왕을 중심으로 나라를 다스리는 국가를 말한다.   (   )

영토가 넓어지고 백성이 늘어나면서 삼국에는 나라를 다스리는 기준이 필요하게 되었어요. 이에 삼국은 사회 질서를 어지럽히는 행동을 벌하고 백성이 나라의 제도를 잘 따를 수 있도록 율령을 마련했어요. 율령은 오늘날의 법과 같아요. 백제는 3세기 고이왕 때 율령을 마련했고, 4세기 고구려의 소수림왕과 6세기 신라의 법흥왕이 율령을 반포했어요.*

또한 삼국은 왕권을 강화하기 위해 불교를 적극적으로 받아들였어요. 백성이 불교를 믿고 따르도록 하여 마음을 하나로 모으고, 백성이 왕을 부처와 같이 섬기도록 하여 왕의 권위를 높일 수 있었지요. 고구려는 4세기 소수림왕 때 중국의 전진으로부터 불교를 받아들였고, 비슷한 시기에 백제의 침류왕은 중국의 동진으로부터 불교를 받아들였어요. 토착 문화가 강했던 신라는 불교를 받아들이는 데 어려움이 많았어요. 그러다가 6세기 법흥왕 때 귀족들의 반대를 극복하고 마침내 불교를 공인했어요.*

이러한 과정을 거쳐 삼국이 모두 연맹 왕국에서 중앙 집권 국가로 나아간 반면, 가야는 힘을 하나로 모으지 못한 채 연맹 왕국 단계에 머물렀어요.

〈낱말 풀이〉　**반포하다** 　세상에 널리 퍼뜨려 모두가 알게 하다.
　　　　　　　　토착 문화 　그 땅에서 오래도록 전해 내려오는 독특한 문화.
　　　　　　　　공인하다 　나라나 공공 단체 등이 어떤 것을 인정하다.

연결하여
읽기 **2** **다음 중앙 집권 국가의 특징과 관련 있는 내용을 알맞게 선으로 연결하세요.**

(1) 불교 수용　　　•　　　　　　　• ㉠ 관직의 등급을 나눔.

(2) 율령 반포　　　•　　　　　　　• ㉡ 백성의 마음을 하나로 모음.

(3) 관등제 마련　　•　　　　　　　• ㉢ 나라를 다스리는 법을 마련함.

(4) 왕위 부자 상속 •　　　　　　　• ㉣ 왕이 죽으면 아들이 왕의 자리를 물려받음.

3 삼국이 중앙 집권 국가로 발전한 과정으로 알맞지 <u>않은</u> 것을 고르세요. ( )

① 백제 고이왕은 삼국 중 가장 먼저 율령을 반포했다.

② 신라 법흥왕은 관등제를 마련하고 율령을 반포했다.

③ 고구려는 소수림왕 때 중국으로부터 불교를 받아들였다.

④ 신라는 귀족들의 거센 반대로 불교를 받아들이지 못했다.

⑤ 백제는 근초고왕 이후 아들에게 왕위를 물려주게 되었다.

4 이 글과 〈보기〉를 읽고, (가)와 (나)를 비교한 내용으로 알맞지 <u>않은</u> 것을 고르세요.

( )

<hr>

〈보기〉

(가) **연맹 왕국**

　부여는 다섯 부족이 연합해 이룬 연맹 왕국입니다. 각 부족의 대표가 왕을 뽑고, 정해진 영역을 다스리며 각자 세력을 가졌습니다. 따라서 왕의 권력은 약했습니다.

(나) **중앙 집권 국가**

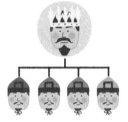

　삼국은 왕권을 강화해 중앙 집권 국가로 발전했습니다. 왕에게 모든 권력이 집중되면서 부족의 대표들은 귀족으로 흡수되었고, 관직을 맡아 왕 밑에서 일했습니다.

<hr>

① 가야는 (가) 단계에 머물렀다.

② (가)보다 (나)의 왕권이 더 강했다.

③ 고구려와 백제, 신라는 (가)에서 (나)로 발전했다.

④ (가)의 왕은 왕위를 아들에게 물려주어 왕권을 안정적으로 유지했다.

⑤ (나)의 왕은 율령을 반포하고 불교를 받아들여 백성이 따르도록 했다.

5 다음 구조도를 보며 이 글의 내용을 정리해 보고, 빈칸에 알맞은 말을 쓰세요.

	삼국의 중앙 집권 국가로의 발전

왕위 부자 상속	- ⬚⬚⬚⬚ 이 왕의 자리를 이어받음. - 고구려 고국천왕, 백제 근초고왕, 신라 눌지왕 때 이뤄짐.
관등제 마련	- 왕 아래로 신하들의 서열을 정리함. - 백제 ⬚⬚⬚⬚ , 신라 법흥왕 때 마련함.
율령 반포	- 나라를 다스리는 기준을 법으로 만듦. - 고구려 ⬚⬚⬚⬚ , 백제 고이왕, 신라 법흥왕 때 반포함.
불교 수용	- 백성의 마음을 모으고 왕의 권위를 높임. - 고구려 소수림왕, 백제 침류왕, 신라 ⬚⬚⬚⬚ 때 받아들임.

6 이 글과 다음 자료를 읽고, 물음에 답하세요.

- 동진에서 승려 마라난타가 왔다. 침류왕은 그를 맞아들여 궁에 머물게 했다. … 이때부터 (㉠)가 시작되었다.
- 법흥왕이 (㉠)를 일으키려고 했으나 신하들이 믿지 않고 … 놀라 다시는 불교에서 행하는 일을 헐뜯지 않았다.

- 『삼국사기』

(1) ㉠에 공통으로 알맞은 말을 쓰세요.

㉠
- - - - - - - - - - - - - - - -

(2) 삼국이 왕권을 강화하는 과정에서 불교를 받아들인 까닭 두 가지를 쓰세요.

삼국은
- -

위해서 불교를 받아들였습니다.
- -

고구려

고구려 6대 왕
태조왕

고구려 9대 왕
고국천왕

기원전 37년

고구려 건국

① [　　] **정복**

철기 문화를 바탕으로 지금의
함경도 해안가에 세워진 나라.

② [　　] **실시**

봄에 곡식을 빌려주고 가을에
갚게 해 가난한 백성을 돕는 제도.

백제

백제 8대 왕
고이왕

기원전 18년

백제 건국

① [　　] **마련**

관리나 관직(벼슬)의 등급을
정하는 제도.

신라

기원전 57년

① [　　] **건국**

박혁거세가 기원전 57년에
경주 지역에 세운 나라.

중앙 집권 국가로의 발전

고구려 15대 왕 **미천왕**	고구려 17대 왕 **소수림왕**
낙랑군 정복	**율령 반포**

왕위 부자 상속

관등제 정비

신라 17대 왕
내물왕

김씨 왕위 세습

① ⬚⬚ 반포

고대 국가에서 나라를
다스리기 위해 만든 법.

② ⬚⬚ 수용

부처의 가르침을 따르는 종교.

탐구 주제 1 삼국의 건국 이야기로 알 수 있는 사실은 무엇일까?

〈자료 1〉 고구려 건국

부여 왕의 도움을 받아 궁궐에서 지내던 유화는 어느 날, 배가 불러오더니 커다란 알을 낳았습니다. 알에서 태어난 아이는 활을 잘 쏘아 주몽이라 불렸습니다.

부여의 왕자들이 주몽의 재주를 질투해 해치려고 하자, 주몽은 부여에서 도망쳐 압록강 유역의 졸본에 고구려를 세웠습니다.

〈자료 2〉 백제 건국

고구려를 세운 주몽에게는 비류와 온조라는 두 아들이 있었습니다. 그리고 부여에 있을 때 생긴 아들인 유리도 있었습니다.

어느 날 유리가 고구려로 주몽을 찾아왔고, 주몽은 그에게 왕위를 물려주기로 했습니다. 이에 온조는 비류와 함께 고구려를 떠났고, 한강 유역에 백제를 세웠습니다.

〈자료 3〉 신라 건국

경주 지역에는 여섯 마을이 있었습니다. 어느 날, 여섯 마을의 촌장들이 번쩍이는 빛을 따라가 보니 커다란 알이 있었고, 곧 알에서 남자아이가 나왔습니다.

촌장들은 신기해하며 아이에게 박혁거세라는 이름을 지어 주고, 후에 그를 왕으로 삼아 신라를 세웠습니다.

---

1 〈자료 2〉를 읽고, ㉠에 알맞은 말을 찾아 쓰세요.

> **고구려의 왕자였던 온조, (㉠   )의 왕이 되다**
> 비류와 온조는 고구려의 왕위를 이어 갈 수 없게 되자, 고구려를 떠나 남쪽으로 향했습니다. 그 뒤 비류는 미추홀에, 온조는 한강 유역에 자리 잡고 새로운 나라를 세웠습니다.

2 다음을 참고하여, 〈자료 1〉과 〈자료 3〉처럼 왕이 알에서 태어난 이야기가 지어진 까닭을 쓰세요.

> 둥근 알은 빛나는 태양을 뜻하기도 하고, 새처럼 하늘에서 내려온 사람을 뜻하기도 합니다. 왕이 알에서 태어났다는 이야기는 이처럼 왕이 특별한 존재라고 내세우기 위해 지어졌습니다.

- -

왕이 알에서 태어났다는 이야기를 지었습니다.

- -

고구려 왕들은 어떻게 나라의 발전을 이끌었을까?

〈자료 1〉 고구려의 발전

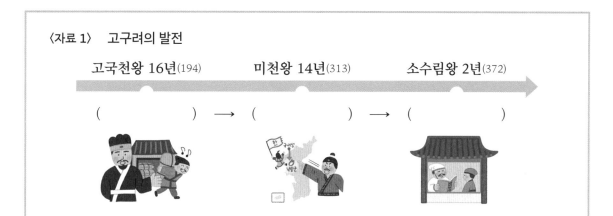

고국천왕 16년(194)　　　미천왕 14년(313)　　　소수림왕 2년(372)

(　　　　　)　→　(　　　　　)　→　(　　　　　)

〈자료 2〉 태학

372년, ㉠ 고구려 도읍인 국내성에 태학이 세워졌습니다. 태학은 소수림왕 때 세운 고구려의 최고 교육 기관입니다.

태학에서는 이름 높은 학자들이 유학이라는 학문을 가르쳤습니다. 태학에서 길러낸 인재는 유능한 신하가 되어 소수림왕이 나라를 잘 다스리도록 도왔습니다.

〈자료 3〉 낙랑군

한은 고조선을 멸망시킨 뒤, 그 자리에 낙랑군, 임둔군, 진번군, 현도군의 네 군현을 설치해 지배했습니다.

한 군현은 대부분 얼마 지나지 않아 사라졌지만, 낙랑군은 오랫동안 남아 중국 문화가 들어오는 통로 역할을 했습니다. 그러다가 ㉡ 고구려 미천왕의 공격을 받아 멸망했습니다.

〈자료 4〉 진대법

194년, 고구려에 서리가 내려 곡식이 모두 얼었습니다. 백성은 굶주렸고, 귀족들은 백성에게 많은 이자를 더해 곡식을 빌려주었습니다.

그러자 고구려의 가장 높은 관리였던 을파소는 백성에게 나라의 곡식을 빌려주자고 건의했습니다. 고국천왕이 이를 받아들여 ㉢ 진대법이 실시되었습니다.

---

1 〈자료 1〉의 빈칸에 알맞게 ㉠~㉢을 일어난 순서대로 쓰세요.

(　　　　) → (　　　　) → (　　　　)

2 〈자료 2〉를 읽고, 소수림왕이 태학을 세운 까닭이 무엇인지 다음 핵심어를 모두 넣어 쓰세요.

　핵심어　 (유학) (인재) (신하)

- -

위해서 태학을 세웠습니다.

- -

삼국은 중앙 집권 국가로 나아가기 위해 어떤 일을 했을까?

〈자료 1〉 (㉠)
- 백제 근구수왕은 근초고왕의 아들이다. … 침류왕은 근구수왕의 맏아들이다.
- 신라 눌지왕은 내물왕의 아들이다. … 자비왕은 눌지왕의 맏아들이다.

- 『삼국사기』

〈자료 2〉 (㉡)
- 백제 고이왕이 명령을 내려 6품부터는 자주색 관복을 입고, 11품부터는 붉은색 관복을 입고, 16품부터는 푸른색 관복을 입게 하였다.
- 신라 법흥왕이 모든 관복에 붉은색과 자주색으로 위아래를 정하였다. - 『삼국사기』

〈자료 3〉 율령 반포
- 고구려 소수림왕이 (왕위에 오른 지) 3년이 되는 해에 처음으로 율령을 반포하였다.

- 『삼국사기』

〈자료 4〉 (㉢)
- 고구려 소수림왕 때, 전진의 왕이 승려 순도를 보내 불상과 불경을 전하였다.
- 동진에서 승려 마라난타가 왔다. 백제 침류왕은 그를 맞아들여 … 이때부터 불교가 시작되었다. - 『삼국사기』

1 〈자료 1〉~〈자료 4〉의 ㉠~㉢에 알맞은 제목을 보기에서 골라 쓰세요.

보기 (관등제 마련) (불교 수용) (왕위 부자 상속)

〈자료 1〉	〈자료 2〉	〈자료 3〉	〈자료 4〉
(㉠)	(㉡)	율령 반포	(㉢)

2 삼국은 중앙 집권 국가로 발전하며 어떻게 체제를 갖추었는지 다음 핵심어를 모두 넣어 쓰세요.

핵심어 (왕위 부자 상속) (관등제) (율령) (불교)

- -

- -

왜 가야를 빼고 삼국 시대라고 부를까?

〈자료 1〉 **연맹 왕국**

연맹 왕국은 가야 연맹처럼 여러 부족이나 나라가 연합해서 이룬 국가입니다. 왕과 군장들이 각자의 영역을 다스렸으므로 왕권이 약했습니다.

〈자료 2〉 **중앙 집권 국가**

중앙 집권 국가는 왕을 중심으로 나라를 다스리는 국가입니다. 고구려, 백제, 신라는 강력한 왕권을 바탕으로 중앙 집권 체제를 갖추었습니다.

〈자료 3〉 **삼국 시대일까, 사국 시대일까?**

고구려, 백제, 신라는 중앙 집권 국가로 발전했지만, 가야는 연맹 왕국 단계에 머물렀으니 삼국과 똑같이 경쟁한 나라라고 볼 수 없어.

가야는 가야만의 독자적인 철기 문화를 이뤄 주변 나라에도 큰 영향을 주었어. 또 한반도에서 500년이 넘는 긴 역사를 이어 간 나라야.

가야는 율령, 관등제를 마련하는 등의 정치적 발전을 이루지 못한 데다, 삼국이 통일되기 약 100년 전에 이미 멸망해 사라졌어.

1 〈자료 1〉~〈자료 3〉을 보고, ㉠과 ㉡에 알맞은 말을 찾아 쓰세요.

삼국	가야
(㉠)로 발전함.	(㉡) 단계에 머무름.

2 아래의 주장에 대한 근거를 다음 핵심어를 모두 넣어 쓰세요.

저는 가야를 포함해서 삼국 시대가 아니라 사국 시대라고 불러야 한다고 생각합니다. 왜냐하면,

핵심어 (가야) (철기 문화) (긴 역사)

- -

- -

삼국의 도읍지는 어떤 모습이었을까요?

고구려, 백제, 신라는 각각 졸본, 위례성, 경주 지역에 자리 잡고 나라를 세웠어요.
고구려와 백제는 여러 차례 도읍을 옮겼고, 신라는 경주에서 천 년의 역사를 이어 갔어요.

고구려는 졸본에서 국내성으로, 다시 평양으로 옮겼어요.

졸본은 고구려의 첫 도읍이에요. 옛날에는 도읍지를 성으로 둘러쌌기 때문에 도성이라고 부르기도 했는데, 졸본은 산 위에 있는 편평한 땅에 만들어진 도성이었지요. 바깥이 산으로 둘러싸여 외적을 막기 좋은 곳이었답니다.

2대 유리왕은 국내성을 새로운 도읍으로 삼았어요. 이곳에서 고구려는 동북아시아의 강대국으로 성장했어요. 지금도 이곳에 광개토 대왕릉비와 장군총, 무용총 등 많은 고구려 유적이 남아 있지요. 그 후 20대 장수왕이 평양으로 다시 한번 도읍을 옮겼고, 평양은 고구려가 멸망할 때까지 고구려의 마지막 도읍으로 남았어요.

백제는 한성에서 웅진으로, 다시 사비로 옮겼어요.

백제의 첫 도읍은 위례성이에요. 이곳을 한성이라고 불렀다고도 하고, 위례성에서 조금 내려와 다시 자리 잡은 곳을 한성이라 했다고도 해요.

고구려 장수왕의 공격을 받아 한성이 불타자 22대 문주왕은 웅진으로 도읍을 옮기고, 튼튼한 산성을 쌓았어요. 그런데 웅진은 산이 많아 외적을 방어하기에는 좋았지만, 땅이 좁아 나라가 발전하기에는 어려움이 있었어요. 이에 26대 성왕은 너른 평야와 강이 있는 사비로 도읍을 옮겨 백제를 다시 일으킬 터를 마련했지요. 그 후로 사비는 160년 동안 도읍으로 남아 백제의 중흥과 멸망을 지켜보았어요.

신라는 경주에서 천 년의 역사를 이어 갔어요.

고구려, 백제와 달리 신라는 단 한 번도 도읍을 옮기지 않았어요. 신라 사람들은 도읍을 서라벌이라고 불렀는데, 한자로는 금성이라고 해요. 이곳이 바로 지금의 경주 지역이지요.

경주는 신라 천 년의 역사를 고스란히 간직하고 있어요. 오늘날에도 수많은 고분과 첨성대, 불국사, 석굴암 등 귀중한 신라 유적이 남아 있어 도시 전체가 하나의 커다란 박물관과 같아요. 경주 역사 유적 지구는 유네스코 세계 문화유산으로도 등록되었답니다.

삼국과 가야의 경쟁과 발전

그림으로 만나는
개념

광개토 대왕의 영토 확장

고구려 19대 왕
광개토 대왕

400년

한강 북쪽 지역 차지

백제를 공격해
한강 북쪽 지역을 차지함

만주 장악

후연, 거란 등을 공격해
만주를 장악함

왜군 격퇴

신라를 도와
왜군을 물리침

문장으로 다지는
어휘

광개토 대왕
고구려 19대 왕. 만주와 한
강 북쪽 지역을 차지하는 등
고구려 영토를 크게 넓힘.

한강
한반도 중부를 흐르는 강.
한강 주변 지역은 땅이 기
름지고 교통이 편리해 삼국
시대부터 중요시됨.

만주
중국의 동북 지방. 흔히 압
록강과 두만강 북쪽의 넓은
땅을 가리킴.

왜군 (일본왜 군사군)
일본군을 이르는 말. '왜'는
예전에 한국과 중국에서 일
본을 가리키던 말임.

삼국 중 고구려는 4세기 말 [　　　　] 때 영토를 크게 넓혔어요.

광개토 대왕은 먼저 백제를 공격해 [　　] **북쪽 지역**을 차지했어요.

그리고 북쪽으로 후연, 거란 등을 공격해 [　　]를 장악했어요.

이 무렵 신라를 도와 [　　]을 물리치고, 왜와 손잡은 금관가야도 공격했어요.

장수왕의 영토 확장

고구려 20대 왕
장수왕

| 427년 | 475년 | (5세기 고구려의 영토 확장) |

평양 천도

도읍을 평양으로 옮기고
남진 정책을 펼침

한강 유역 차지

백제의 한성을 함락해
한강 유역을 차지함

만주부터 한반도 중부까지
영토를 크게 넓힘

장수왕
고구려 20대 왕. 평양으로 도읍을 옮기고 남진 정책을 펴 고구려의 영토를 최대로 넓힘.

평양
평안남도 서남쪽에 있는 도시. 장수왕 때 고구려의 세 번째 도읍이 됨.

남진 정책
(남쪽**남** 나아갈**진** -)
남쪽으로 영토나 세력을 뻗어 나가려는 정책.

한성
한강 남쪽에 있었던 백제의 초기 도읍.

⭐ 뒤를 이어 5세기에 [   ]은 남쪽으로 영토를 더욱 넓혔어요.

장수왕은 도읍을 [   ]으로 옮기고 [   ]을 펼쳤어요.

그리하여 백제의 도읍인 [   ]을 무너뜨리고 한강 유역을 모두 차지했어요.

이렇게 고구려는 만주에서 한반도 중부까지 넓은 영토를 차지했어요.

고구려가 영토를 크게 넓혔어요.

▼ 다음 글을 읽고 물음에 답하세요.

삼국은 각자 나라의 기틀을 잡고 발전하는 한편, 서로 경쟁하면서 세력을 다투었어요. 삼국 가운데 고구려는 소수림왕이 체제 정비에 힘써 나라를 안정시켰고, 이를 발판으로 광개토 대왕과 장수왕이 적극적으로 정복 활동을 펼치며 영토를 크게 넓혔어요.

광개토 대왕의 영토 확장

4세기 말, 광개토 대왕은 왕위에 오르자마자 정복 전쟁을 준비했어요. 그리고 백제를 공격해 한강 북쪽 지역을 차지했어요. 그런 다음 북쪽으로 후연과 거란을 공격해 요동을 차지했어요. 이어서 숙신과 동부여 등을 정복하며 만주 지역을 대부분 차지했지요. 이 무렵, 아직 힘이 약했던 신라가 왜의 침략을 받아 고구려에 도움을 요청했어요. 광개토 대왕은 5만 명의 군사를 보내 왜군을 물리쳤고(400), 왜와 손잡은 금관가야에도 큰 타격을 주었어요. 이후 고구려는 신라에 많은 영향력을 미치게 되었지요. 이처럼 영토를 광활하게 넓힌 광개토 대왕은 중국의 연호를 쓰지 않고, '영락'이라는 고구려만의 연호를 사용해 고구려가 중국과 대등한 나라라는 자신감을 드러냈답니다.

장수왕의 영토 확장

뒤를 이은 장수왕은 남쪽으로 영토를 크게 넓히며 고구려의 영토 확장에 힘을 더했어요. 장수왕은 영리한 외교 정책을 펼쳐 중국과의 관계를 안정시켰어요. 그런 다음 도읍을 국내성에서 평양으로 옮기고(427) 남진 정책을 펼쳤어요. 남쪽의 백제와 신라로 세력을 뻗으려 한 것이지요. 그러자 신라와 백제는 나제 동맹을 맺고 서로 군사를 보내 돕기로 했어요. 하지만 장수왕은 백제를 공격해 백제의 도읍 한성

바르게 읽기

1 이 글의 내용으로 알맞은 것에 ○표, 알맞지 않은 것에 ✕표를 하세요.

(1) 광개토 대왕은 만주 지역을 대부분 차지했다. ( )

(2) 광개토 대왕은 신라의 도움을 받아 왜군을 물리쳤다. ( )

(3) 장수왕은 한강 유역을 모두 차지해 남쪽으로 영토를 넓혔다. ( )

(4) 장수왕은 백제의 한성을 공격했지만 함락에 실패하고 물러났다. ( )

을 함락했고(475), 한강 유역을 모두 차지하며 한반도 중부까지 영토를 넓혔어요.

이로써 고구려는 5세기에 만주에서 한반도 중부까지 역사상 가장 넓은 영토를 확보하며 동북아시아의 강대국으로 우뚝 섰어요. 고구려의 국력이 강해지면서 고구려 사람들은 고구려가 세상의 중심이라 여기는 천하관*을 내세우며 자부심을 드러냈어요.

▲ 5세기 고구려의 영토 확장

〈낱말 풀이〉 **요동** 중국 랴오허강의 동쪽 지역. 우리나라와 지리적으로 매우 가까움.
　　　　　　연호 왕이 왕의 자리에 오르고부터 물러날 때까지의 기간에 이름을 붙여 연도를 나타내는 방법.
　　　　　　나제 동맹 삼국 시대 때, 고구려가 남쪽으로 내려오는 것을 막기 위해 신라와 백제가 맺은 동맹.
　　　　　　천하관 천하(하늘 아래), 즉 세상 가운데 자기 나라의 위상을 바라보는 태도나 입장.

연결하여
읽기
2　**다음 왕의 업적으로 알맞은 것을 골라 (　　　) 안에 기호를 쓰세요.**

(1) 광개토 대왕 (　　　,　　　)　　　(2) 장수왕 (　　　,　　　)

㉠ 평양으로 도읍을 옮겼다.　　　　　㉡ 후연과 거란을 공격했다.

㉢ '영락'이라는 연호를 사용했다.　　㉣ 백제를 공격해 한성을 함락했다.

3 다음 지도와 같은 시기의 고구려에 대한 설명으로 알맞지 <u>않은</u> 것을 고르세요. (   )

① 한강 유역을 모두 차지했다.

② 중국의 연호를 그대로 따랐다.

③ 백제의 도읍인 한성을 함락했다.

④ 만주에서 한반도 중부에 이르는 영토를 차지했다.

⑤ 고구려를 세상의 중심으로 여기는 천하관을 내세웠다.

4 이 글과 〈보기〉를 읽고 알 수 있는 내용으로 알맞지 <u>않은</u> 것을 고르세요.   (   )

──────── 〈보기〉 ────────

광개토 대왕릉비

> 광개토 대왕이 군사를 이끌고 백제를 공격하였다. … 왕이 군사 5만 명을 보내 신라를 도왔다. … 고구려 군대가 도착하자 왜군이 도망갔다.

광개토 대왕릉비는 장수왕이 광개토 대왕의 업적을 기리기 위해 세운 비석입니다. 비문에는 백제를 공격해 한강으로 진출하고, 신라를 도와 왜군을 물리치며, 후연을 무찔러 요동을 차지하는 등 광개토 대왕의 정복 활동이 연도별로 기록되어 있습니다.

충주 고구려비

충주 고구려비는 한반도에 유일하게 남아 있는 고구려 비석입니다. 비문의 내용을 보고 장수왕 때 고구려가 한강 유역을 차지했다는 사실을 알 수 있습니다.

① 장수왕은 한성을 함락하여 한강 유역을 모두 차지했다.

② 광개토 대왕은 신라를 도와 왜군을 물리치고 금관가야에 타격을 주었다.

③ 광개토 대왕릉비에는 광개토 대왕이 요동을 차지한 업적이 기록되어 있다.

④ 광개토 대왕릉비는 장수왕의 남진 정책에 관한 내용이 적혀 있는 비석이다.

⑤ 충주 고구려비를 보고 고구려가 한반도 중부로 진출했다는 것을 알 수 있다.

5 다음 구조도를 보며 이 글의 내용을 정리해 보고, 빈칸에 알맞은 말을 쓰세요.

고구려의 영토 확장

☐☐☐☐☐	장수왕
- 백제를 공격해 한강 북쪽 지역을 차지함. - 후연, 거란, 숙신, 동부여 등을 공격해 ☐☐☐ 지역을 대부분 차지함. - 신라를 도와 왜군을 물리침(400). - '영락'이라는 연호를 씀.	- 도읍을 ☐☐☐ 으로 옮김(427). - 남진 정책을 추진함. - 한성을 함락하고 ☐☐☐ 유역을 모두 차지함(475).

6 이 글과 다음 지도를 보고, 물음에 답하세요.

(1) 장수왕이 고구려의 도읍을 어디에서 어디로 옮겼는지 지도에 ➡ 표 하세요.

(2) 이후 장수왕의 남진 정책에 맞서 신라와 백제가 어떻게 대응했는지 쓰세요.

  신라와 백제는

_____

_____

그림으로 만나는
개념

백제의 영토 확장

백제 13대 왕
근초고왕

371년
(4세기 백제의 영토 확장)

마한 통합

남해안으로 진출함

평양성 공격

황해도로 진출함

동진·왜와 교류
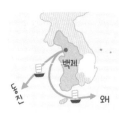
대외 교류를 활발히 함

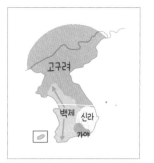
영토를 넓히고
해상 교통로를 확보함

문장으로 다지는
어휘

근초고왕
백제 13대 왕. 활발한 정복 활동과 대외 교류로 백제의 세력을 크게 키움.

마한
진한, 변한과 함께 삼한을 이룬 나라. 54개의 소국으로 이루어짐.

평양성
고구려의 세 번째 도읍이었던 평양에 쌓은 성. 군사적으로 중요한 위치에 있었음.

동진
중국 남북조 시대에, 양쯔 강 유역의 난징에 도읍하여 세워진 나라.

백제는 4세기 ☐☐☐☐ 때 세력을 크게 넓혔어요.

근초고왕은 남쪽으로 ☐☐ 을 대부분 통합해 남해안까지 영토를 넓혔어요.

북쪽으로는 고구려의 ☐☐☐ 을 공격해 황해도로 진출했어요.

그리고 넓어진 영토와 바닷길을 통해 ☐☐, 왜 등 주변 나라와 활발히 교류했어요.

백제의 중흥 노력

백제 25대 왕		백제 26대 왕	
무령왕		성왕	
475년		538년	551년
웅진 천도	22담로에 왕족 파견	사비 천도	한강 하류 지역 회복

| 고구려에 한성을 빼앗기자 웅진으로 도읍을 옮김 | 각 담로에 왕족을 보내 지방을 통제함 | 사비로 도읍을 다시 옮김 | 신라와 손잡고 한강 하류 지역을 되찾음 |

웅진
백제의 두 번째 도읍. 지금의 공주.

무령왕
백제 25대 왕. 고구려에 한강 유역을 빼앗긴 후 혼란에 빠진 백제를 안정시킴.

성왕
백제 26대 왕. 백제의 중흥을 위해 노력했으나, 신라에 패하여 전사함.

사비
백제의 세 번째 도읍. 지금의 부여.

하지만 5세기에 백제는 고구려에 한성을 빼앗기고, 도읍을 [ ]으로 옮겼어요.

[ ]은 백제를 일으키고자 22담로를 통해 지방을 통제하면서 왕권을 강화했어요.

이어서 [ ]은 교통과 농업에 유리한 [ ]로 도읍을 다시 옮겼어요.

⭐ 그 뒤 성왕은 신라와 손잡고 고구려를 공격해 **한강 하류 지역**을 차지했어요.

백제는 한강 유역에서 세력을 넓혔어요.

▼ 다음 글을 읽고 물음에 답하세요.

**근초고왕의
세력 확장**

백제는 한강 유역에 자리 잡은 덕분에 일찍부터 빠르게 성장했어요. 한강 유역은 땅이 기름져 농사짓기에 좋았고, 바닷길을 이용해 다른 나라와 교류하기도 편했기 때문이지요. 백제는 4세기 근초고왕 때 활발한 정복 활동을 벌여 영토를 크게 넓혔어요. 근초고왕은 남쪽으로 마한의 남은 지역을 대부분 통합해 남해안까지 영토를 넓혔어요. 북쪽으로는 고구려의 평양성을 공격해 고국원왕을 전사시켰고, 황해도 지역까지 나아갔어요(371).

이렇게 영토를 넓히고 해상 교통로*를 안정적으로 확보한 백제는 주변 나라와 활발하게 교류했어요. 백제는 중국의 동진과 교류하며 새로운 문물을 받아들였어요. 또 가야와 가까운 관계를 맺고, 왜와도 교류하며 문화 발전에 도움을 주었지요.

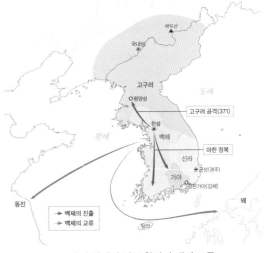

▲ 4세기 백제의 영토 확장과 대외 교류

백제의 위기

그런데 5세기에 이르러 백제는 세력을 키운 고구려의 공격을 받아 위기에 처했어요. 광개토 대왕의 공격으로 한강 북쪽 지역을 빼앗긴 데 이어 장수왕의 공격으로 도읍 한성이 함락되었지요. 그러자 백제는 적을 방어하기에 좋은 웅진으로 도읍을 옮겼어요(475). 하지만 한강 유역을 잃어 교통로가 막힌 백제는 무역 활동이 어려워졌고, 귀족끼리 권력을 다투면서 왕권이 크게 약해졌어요.

**바르게
읽기**

1 **이 글의 내용으로 알맞은 것에 ○표, 알맞지 않은 것에 ✕표를 하세요.**

(1) 근초고왕은 고구려의 평양성을 공격했다. ( )

(2) 근초고왕은 백제의 도읍을 웅진으로 옮겼다. ( )

(3) 무령왕은 고구려에 빼앗겼던 영토를 일부 되찾았다. ( )

(4) 성왕은 22담로에 왕족을 보내 지방을 통제하고 왕권을 강화했다. ( )

6세기에 무령왕은 약해진 백제를 일으키고자 노력했어요. 무령왕은 지방의 중요한 곳에 설치한 22담로로 왕족을 보내 지방을 통제하는 동시에 왕권을 강화했지요. 또한 고구려를 공격해서 잃었던 영토 일부를 되찾고, 중국 남조의 양이나 왜와 활발히 교류하며 문화를 발전시켜 나갔어요.

뒤를 이어 성왕은 백제의 중흥*을 위해 더욱 힘썼어요. 성왕은 너른 평야가 있고 강이 흘러 농업과 교통에 유리한 사비로 도읍을 옮겼어요(538). 그리고 통치 체제를 정비하며 중국, 왜와의 교류도 활발히 이어 나갔어요. 이렇게 안팎으로 나라를 다진 뒤, 성왕은 고구려에 빼앗긴 한강 유역을 되찾고자 신라의 진흥왕과 손잡았어요. 그리고 고구려를 공격해 백제가 한강 하류 지역을, 신라가 한강 상류 지역을 각각 나눠 가졌지요(551). 하지만 얼마 후, 진흥왕은 동맹을 깨뜨리고 한강 하류 지역을 빼앗아 갔어요. 성왕은 한강을 되찾기 위해 신라를 공격했지만, 관산성에서 전사하고 말았어요(554). 이로써 120여 년간 이어진 나제 동맹이 깨졌고, 이후 백제는 고구려와 힘을 합쳐 신라와 싸움을 이어 갔어요.

무령왕의 중흥 노력

성왕의 중흥 노력

〈낱말 풀이〉 **해상 교통로** 바다 위의 배가 다니는 길.
중흥 쇠약해지던 힘이나 세력이 중간에 다시 일어나는 것.

연결하여 읽기 **2** **다음 사건들을 일어난 순서에 맞게 번호를 쓰세요.**

(1) 백제가 도읍을 사비로 옮겼다.
(2) 백제가 도읍을 웅진으로 옮겼다.
(3) 백제가 신라의 공격을 받아 한강 하류 지역을 빼앗겼다.
(4) 백제가 신라와 손잡고 고구려를 공격해 한강 유역을 나눠 가졌다.

(   ) → (   ) → (   ) → (   )

3 다음 지도와 같은 시기의 백제에 대한 설명으로 알맞지 <u>않은</u> 것을 고르세요. (   )

① 고구려의 평양성을 공격했다.

② 남해안까지 영토를 확장했다.

③ 마한 지역을 대부분 통합했다.

④ 신라와 연합해 고구려에 맞섰다.

⑤ 동진, 왜 등 주변 나라와 활발히 교류했다.

4 이 글과 〈보기〉를 읽고, 무령왕과 성왕에 대한 설명으로 알맞은 것을 고르세요. (   )

〈보기〉

무령왕과 22담로

'담로'란 백제가 지방을 효율적으로 다스리기 위해 설치한 행정 구역입니다. 무령왕은 22곳의 담로에 왕족을 보내서 왕의 명령이 잘 전달되도록 하고, 이렇게 지방을 통제함으로써 왕권을 강화했습니다.

성왕과 관산성 전투

> 백제의 성왕이 관산성을 공격하였다. … 성왕을 죽였다. 이에 여러 군사가 기세를 몰아 크게 이겨 백제 병사 29,600명의 목을 베었고, 모든 말을 죽였다.
>
> - 『삼국사기』

553년, 신라가 백제와의 동맹을 깨고 한강 하류 지역을 빼앗았습니다. 그러자 성왕은 신라에 보복하려고 관산성을 공격했습니다. 그러나 전쟁 중 성왕이 신라군의 기습 공격을 받아 목숨을 잃었고, 백제군은 힘을 잃어 크게 패배했습니다.

---

① 성왕은 웅진으로 도읍을 옮겼다.

② 무령왕은 22담로에 왕족을 보내 왕권을 강화했다.

③ 무령왕과 성왕 때는 백제가 주변 나라와 교류하지 않았다.

④ 성왕은 관산성에서 신라에 크게 승리해 한강 유역을 되찾았다.

⑤ 무령왕은 마한을 대부분 정복하고 고구려의 평양성을 공격했다.

5 다음 구조도를 보며 이 글의 내용을 정리해 보고, 빈칸에 알맞은 말을 쓰세요.

백제의 영토 확장	백제의 위기와 중흥 노력

근초고왕의 영토 확장
- [   ]을 대부분 통합해 남해안까지 영토를 넓힘. - 고구려 평양성을 공격해 황해도 지역까지 진출함(371). - 중국의 동진, 왜와 활발히 교류함.

백제의 위기	- 한성이 함락됨. → [ ]으로 도읍을 옮김 (475).
무령왕의 중흥 노력	- [ ]에 왕족을 보냄. - 영토 일부를 되찾음.
[ ]의 중흥 노력	- 사비로 도읍을 옮김(538). - 한때 한강 하류 지역을 차지함 (551).

6 이 글과 다음 지도를 보고, 물음에 답하세요.

(1) 성왕이 백제의 도읍을 어디에서 어디로 옮겼는지 지도에 ➡ 표 하세요.

(2) 성왕이 도읍을 옮긴 까닭을 쓰세요.

사비는

때문입니다.

그림으로 만나는
개념

신라의 체제 정비

신라 22대 왕	신라 23대 왕
지증왕	법흥왕

국호 확정	520년 율령 반포	527년 불교 공인	532년 금관가야 정복

이차돈

국호를 '신라'로 정함	중앙 집권 체제를 갖춤	낙동강 하류로 나아감

문장으로 다지는
어휘

지증왕
신라 22대 왕. 국호를 신라로 정하고 왕호를 사용했으며, 울릉도를 정복함.

법흥왕
신라 23대 왕. 율령을 반포하고 불교를 공인하는 등 국가 체제 확립에 힘씀.

불교 (부처불 가르칠교)
부처의 가르침을 따르는 종교. 깨달음을 통한 행복을 추구함.

금관가야
김수로가 42년에 김해 지역에 세운 나라. 초기 가야 연맹을 이끌었음.

신라는 6세기 [   ] 때 비로소 나라 이름을 '신라'로 정했어요.

뒤를 이은 [   ] 은 율령을 반포하고 여러 제도를 마련했어요.

또한 이차돈의 도움으로 [   ] 를 공인해 중앙 집권 체제를 완성했어요.

밖으로는 [   ] 를 정복해 낙동강 하류까지 영토를 넓혔어요.

진흥왕의 영토 확장

신라 24대 왕
진흥왕

554년	562년		(6세기 신라의 영토 확장)
한강 유역 차지	**대가야 정복**	**함흥평야 진출**	

| 한강 유역을 모두 차지함 | 대가야를 포함한 가야 연맹을 정복함 | 고구려를 공격해 북쪽으로 나아감 | 한강 유역을 확보하며 영토를 크게 넓힘 |

진흥왕
신라 24대 왕. 한강을 확보하고 화랑도를 재편해 삼국 통일의 기틀을 마련함.

한강
한반도 중부를 흐르는 강. 한강 주변 지역은 땅이 기름지고 교통이 편리해 삼국 시대부터 중요시됨.

대가야
지금의 고령 지역에 있었던 가야 연맹의 한 나라. 후기 가야 연맹을 이끌었음.

함흥평야
함경남도 남부에 있는 평야. 곡식이 많이 나며, 삼국 시대에 고구려 땅이었다가 진흥왕 때 신라가 차지함.

6세기 중반에 [   ]은 활발한 정복 활동을 펼쳤어요.

진흥왕은 고구려와 백제를 공격해 [   ] 유역을 모두 차지했어요.

이어서 [   ]를 정복하고 가야 지역을 모두 차지했어요.

그리고 고구려를 공격해 [   ]까지 나아가며 영토를 크게 넓혔어요.

신라가 한강 유역을 차지했어요.

▼ 다음 글을 읽고 물음에 답하세요.

**지증왕의
체제 정비**

삼국 중 성장이 가장 느렸던 신라는 6세기에 접어들면서 중앙 집권 체제를 갖추고 크게 발전했어요. 신라가 본격적으로 체제를 정비하기 시작한 것은 지증왕 때예요. 이전까지 신라는 여러 이름으로 불렸는데, 지증왕 때 비로소 나라 이름을 '신라'로 확정했어요. 또 왕호도 마립간에서 '왕'으로 바꾸었어요. 지증왕은 백성의 생활을 안정시키기 위해 농사에 소를 이용하도록 하여 생산력을 크게 높였고, 밖으로는 이사부 장군을 시켜 우산국을 정복했어요. 우산국은 오늘날의 울릉도예요.

**법흥왕의
체제 정비**

뒤를 이어 법흥왕은 중앙 집권 체제를 확립했어요. 법흥왕은 먼저 군사에 관한 일을 맡아보는 병부를 설치했어요. 이를 통해 귀족들이 나누어 가지고 있던 군사력을 왕이 장악하면서 왕권이 크게 강해졌지요. 또 율령을 반포하고, 관리를 17등급으로 나누는 등 관등제를 마련했어요. 신라만의 신분 제도인 골품제도 이때 정비되었어요. 아울러 법흥왕은 불교를 나라의 종교로 공인해 백성의 사상을 하나로 모았어요. 그 뒤 금관가야를 정복해서 낙동강 하류까지 영토를 넓혔어요(532).

**진흥왕의
영토 확장**

이렇게 안정된 통치 체제를 바탕으로 6세기 중반 진흥왕은 신라의 영토를 크게 넓혔어요. 진흥왕은 백제의 성왕과 함께 고구려를 공격해 한강 상류 지역을 차지하고, 다시 백제를 공격해 한강 하류 지역도 빼앗았어요. 이어진 백제와의 관산성 전투에서도 크게 승리하며 신라가 한강 유역을 완전히 차지하게 되었어요(554). 이로써 신라는 군사적·경제적으로 중요한 지역을 확보하고, 한강을 통해 중국과 직접 교류할 수 있게 되었어요.

**바르게
읽기**

1 **이 글의 내용으로 알맞은 것에 ○표, 알맞지 않은 것에 ✕표를 하세요.**

(1) 지증왕은 왕호를 '마립간'으로 바꿨다.   (   )

(2) 신라는 법흥왕 때 불교를 공식적으로 인정했다.   (   )

(3) 법흥왕은 대가야를 정복해 낙동강 유역을 장악했다.   (   )

(4) 진흥왕은 정복한 지역에 단양 신라 적성비와 여러 순수비를 세웠다.   (   )

그 후로도 진흥왕은 멈추지 않고, 대가야를 포함한 가야 연맹을 멸망시켜 낙동강 유역을 장악했어요(562). 또 북쪽으로도 고구려를 공격해 함흥평야까지 나아갔어요. 진흥왕은 자신이 정복한 지역에 단양 신라 적성비와 네 개의 순수비*를 세워 영토 확장을 기념했어요.

한편, 진흥왕은 청소년 단체인 화랑도*를 국가 조직으로 다시 만들어 뛰어난 인재를 길러 냈어요. 화랑도는 훗날 신라가 삼국을 통일하는 데 큰 힘이 되었지요. 또 거대한 황룡사를 지어 불교를 장려하는* 동시에, 신라의 강한 국력을 널리 자랑했어요.

▲ 진흥왕의 영토 확장

〈낱말 풀이〉 **골품제** 신라 때, 골품(혈통)에 따라 나눈 신분 제도. 성골과 진골, 6~4두품과 3~1두품으로 나뉨.
순수비 임금이 나라 안을 두루 살피고, 돌아다닌 곳을 기념하기 위해 세운 비석.
화랑도 신라 시대에 화랑을 우두머리로 한 단체. 화랑과 이를 따르는 다양한 신분의 낭도로 이뤄짐.
장려하다 좋은 일에 힘쓰도록 권하고 북돋아 주다.

연결하여
읽기 **2** **다음 사건들을 일어난 순서에 맞게 번호를 쓰세요.**

(1) 신라가 대가야를 정복했다.

(2) 신라가 우산국을 정복했다.

(3) 신라가 금관가야를 정복했다.

(4) 신라가 한강 유역을 모두 차지했다.

(   ) → (   ) → (   ) → (   )

3 진흥왕의 업적으로 알맞은 것을 고르세요.　　　　　　　　　　　　　　　(　　)

① 신라의 국호를 확정했다.

② 병부를 설치해 군사력을 장악했다.

③ 율령을 반포하고 불교를 공인했다.

④ 화랑도를 국가 조직으로 다시 만들었다.

⑤ 농사에 소를 이용하도록 하여 생산력을 높였다.

4 이 글과 〈보기〉를 읽고, 진흥왕이 세운 비석에 대한 설명으로 알맞지 <u>않은</u> 것을 고르세요.　　　　　　　　　　　　　　　　　　　　　　　　　　(　　)

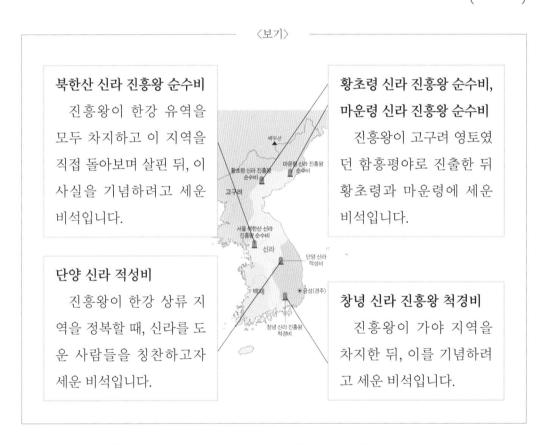

〈보기〉

북한산 신라 진흥왕 순수비
　진흥왕이 한강 유역을 모두 차지하고 이 지역을 직접 돌아보며 살핀 뒤, 이 사실을 기념하려고 세운 비석입니다.

황초령 신라 진흥왕 순수비, 마운령 신라 진흥왕 순수비
　진흥왕이 고구려 영토였던 함흥평야로 진출한 뒤 황초령과 마운령에 세운 비석입니다.

단양 신라 적성비
　진흥왕이 한강 상류 지역을 정복할 때, 신라를 도운 사람들을 칭찬하고자 세운 비석입니다.

창녕 신라 진흥왕 척경비
　진흥왕이 가야 지역을 차지한 뒤, 이를 기념하려고 세운 비석입니다.

① 진흥왕은 가야 지역을 차지하고 창녕 신라 진흥왕 척경비를 세웠다.

② 진흥왕은 함흥평야로 진출한 뒤 황초령과 마운령에 순수비를 세웠다.

③ 진흥왕은 한강 유역을 모두 차지한 뒤 북한산 신라 진흥왕 순수비를 세웠다.

④ 진흥왕은 백제로부터 한강 하류 지역을 빼앗은 뒤 단양 신라 적성비를 세웠다.

⑤ 진흥왕은 영토 확장을 기념하기 위해 단양 신라 적성비와 여러 개의 순수비를 세웠다.

5 다음 구조도를 보며 이 글의 내용을 정리해 보고, 빈칸에 알맞은 말을 쓰세요.

신라의 체제 정비		신라의 영토 확장

지증왕	☐☐	진흥왕
- 국호를 '신라'로 정함. - 왕호를 '왕'으로 바꿈. - 농사에 소를 이용하게 함. - ☐☐☐☐ 을 정복함.	- 병부를 설치함. - 율령을 반포함. - 관등제와 골품제를 정비함. - 불교를 공인함. - 금관가야를 정복함(532).	- 고구려와 백제를 공격해 ☐☐☐ 유역을 차지함(554). - 대가야를 포함해 가야 연맹을 멸망시킴(562). - 함흥평야로 진출함. - ☐☐☐☐를 국가 조직으로 다시 만들고, 황룡사를 지음.

6 이 글과 다음 지도를 보고, 물음에 답하세요.

(1) 진흥왕이 한강 유역을 모두 차지하고 세운 '북한산 신라 진흥왕 순수비'를 지도에서 찾아 ◯표 하세요.

(2) 신라가 한강 유역을 차지한 의미를 쓰세요.

신라는 한강 유역을 차지하여 군사적·경제적으로 중요한 지역을 확보하고,

- -

- -

그림으로 만나는
개념

가야 연맹의 세력 변화

초기 가야 연맹 ——— (고구려의 공격) ———→ 후기 가야 연맹

김해 지역의 금관가야가
초기 가야 연맹을 이끎

고령 지역의 대가야가
후기 가야 연맹을 이끎

문장으로 다지는
어휘

가야 연맹
금관가야, 대가야, 아라가야, 소가야, 성산가야, 고령가야 등 여러 작은 나라가 연합하여 이룬 연맹 왕국.

금관가야
김수로가 42년에 김해 지역에 세운 나라. 초기 가야 연맹을 이끌었음.

고구려
주몽이 기원전 37년에 압록강 유역의 졸본에 도읍하여 세운 나라.

대가야
지금의 고령 지역에 있었던 가야 연맹의 한 나라. 후기 가야 연맹을 이끌었음.

삼국이 치열하게 경쟁할 무렵 낙동강 유역에서는 [   ]이 성장했어요.

초기에는 김해 지역의 [   ]가 가야 연맹을 이끌었어요.

그러다 금관가야가 [   ]의 공격을 받아 세력이 약해졌어요.

그러면서 후기에는 고령 지역의 [   ]가 가야 연맹을 이끌었어요.

가야 연맹의 멸망

532년
금관가야 멸망

신라 법흥왕에
항복하며 멸망함

562년
대가야 멸망

신라 진흥왕의
공격을 받아 멸망함

법흥왕
신라 23대 왕. 율령을 반포하고 불교를 공인하는 등 국가 체제 확립에 힘씀.

진흥왕
신라 24대 왕. 한강을 확보하고 화랑도를 재편해 삼국 통일의 기틀을 마련함.

신라
박혁거세가 기원전 57년에 경주 지역에 세운 나라. 후에 삼국을 통일함.

가야 연맹은 힘을 하나로 모으지 못하고 **연맹 왕국**에 머무른 채 약해졌어요.

금관가야가 신라 [ ]에게 스스로 항복하며 멸망했어요.

이어서 대가야도 신라 [ ]의 공격을 받아 멸망했어요.

나머지 나라들도 [ ]에 흡수되면서 가야 연맹은 사라졌어요.

가야 연맹은 중심이 바뀌었고 결국 신라에 흡수됐어요.

▼ 다음 글을 읽고 물음에 답하세요.

삼국이 한강 유역을 두고 경쟁하며 발전할 무렵, 낙동강 유역에서는 가야 연맹이 뛰어난 철기 문화와 농업 생산량을 바탕으로 성장했어요. 가야 연맹은 삼국처럼 한 명의 왕을 중심으로 한 중앙 집권 국가가 아니었고, 금관가야, 대가야, 아라가야, 소가야 등 연맹에 속한 여러 소국을 각각의 왕이 독립적으로 다스리는 연맹 왕국이었어요. 그중에서 가장 세력이 강한 나라가 가야 연맹 전체를 대표했지요.

**초기
가야 연맹**

초기에는 김해 지역의 금관가야가 가야 연맹을 이끌었어요. 금관가야는 질 좋은 철이 풍부하게 났고, 철을 다루는 기술도 뛰어났어요. 또 강과 바다가 맞닿은 해상 교통의 중심에 위치한 덕분에 낙랑과 왜 사이에서 중계 무역을 하며 번성했지요. 그러나 4세기 이후로 금관가야는 신라와 부딪히게 되면서 세력이 점차 약해졌어요. 이에 백제, 왜와 손잡고 위기를 극복하려고 했지만, 고구려가 신라에 침입한 왜군을 물리치는 과정에서 금관가야도 함께 공격을 받아 큰 타격을 입었어요. 이때 금관가야는 세력이 크게 약해졌고, 가야 연맹에서도 영향력이 줄었어요.

**후기
가야 연맹**

그 후 후기 가야 연맹을 이끈 것은 고령 지역의 대가야예요. 대가야는 땅이 기름져서 농업이 발달했고, 우수한 철기를 만들어 냈어요. 대가야는 5세기 후반, 삼국이 서로 경쟁하는 틈을 타 소백

▲ 가야 연맹의 세력 변화

**바르게
읽기**

1 **이 글의 내용으로 알맞은 것에 ○표, 알맞지 않은 것에 ✕표를 하세요.**

(1) 가야 연맹은 중앙 집권 국가가 아니었다. ( )

(2) 초기에는 금관가야가 가야 연맹을 이끌었다. ( )

(3) 후기 가야 연맹은 고령 지역의 대가야가 이끌었다. ( )

(4) 대가야가 멸망한 뒤, 곧이어 금관가야도 신라에 스스로 항복했다. ( )

서쪽까지 진출했어요. 또 섬진강 하류로도 진출해 새로운 해상 교통로를 확보했고, 이를 이용해 중국의 남조와 교류했어요.

하지만 6세기 이후로 대가야는 백제와 신라의 압박을 받아 점차 약해졌어요. 가야 연맹은 백제와 신라 사이에 자리했기 때문에 두 나라의 힘에 눌렸고, 이를 견뎌 내기가 쉽지 않았어요. 또한 가야 연맹은 연맹 왕국에 머무른 채, 소국마다 권력을 따로 가지고 있었기 때문에 주변 나라의 공격을 받았을 때 함께 힘을 모아 막아 내기도 어려웠지요.

결국 금관가야는 신라 법흥왕에게 스스로 항복하며 멸망했어요(532). 이후 대가야도 신라 진흥왕의 공격을 받아 멸망했어요(562). 그 뒤 나머지 소국도 대부분 신라에 흡수되면서 가야 연맹은 사라졌어요. 이후 신라로 흡수된 가야 사람들은 신라의 발전에 큰 공을 세우기도 했답니다.

〈낱말 풀이〉 **독립적** 남에게 기대거나 속하지 않고 혼자서 활동하는 것.
　　　　　　소백산맥 우리나라 동쪽의 태백산맥에서 서쪽으로 갈라져 나와 남해안으로 이어지는 산맥.
　　　　　　흡수되다 외부에 있던 사람이나 물건이 받아들여져 그곳에 속하게 되다.

연결하여
읽기 **2** **다음 사건들을 일어난 순서에 맞게 번호를 쓰세요.**

(1) 대가야가 멸망했다.

(2) 금관가야가 멸망했다.

(3) 대가야가 소백산맥 서쪽으로 진출했다.

(4) 금관가야가 고구려의 공격을 받아 큰 타격을 입었다.

(　　) → (　　) → (　　) → (　　)

3 가야 연맹에 대한 설명으로 알맞지 <u>않은</u> 것을 고르세요. ( )

① 농업 생산력이 뛰어났다.

② 낙동강 유역에서 성장했다.

③ 뛰어난 철기 문화를 가지고 있었다.

④ 주변 나라가 공격하면 다 함께 힘을 모아 막아 냈다.

⑤ 대가야가 멸망한 후 나머지 소국도 신라에 흡수되면서 사라졌다.

4 이 글과 〈보기〉를 읽고, 가야 연맹의 철기 문화에 대한 설명으로 알맞지 <u>않은</u> 것을 고르세요. ( )

〈보기〉

김해와 고령 등 옛 가야 땅에서는 철로 만든 갑옷과 말 장신구, 철기를 만드는 데 사용한 철 집게와 망치 등 가야의 뛰어난 철기 문화를 보여 주는 유물이 많이 발견되었습니다.

가야 연맹이 자리 잡은 낙동강 유역은 철이 풍부하게 나는 곳이었고, 가야 사람들은 철기 제작 기술이 뛰어났기 때문에 질 좋은 철기를 많이 만들어 낼 수 있었습니다. 가야 사람들은 철기를 만드는 재료인 덩이쇠를 화폐처럼 사용하고, 무역을 할 때 활용하기도 했습니다. 가야의 우수한 철기는 낙랑과 왜 등으로도 널리 수출되었습니다.

▲ 가야의 판갑옷

① 가야 사람들은 철을 다루는 기술이 뛰어났다.

② 가야 사람들은 덩이쇠를 화폐처럼 사용하기도 했다.

③ 가야 연맹이 자리 잡은 낙동강 유역은 철이 풍부했다.

④ 가야 연맹은 낙랑과 왜 등으로부터 철기 문화를 받아들였다.

⑤ 김해와 고령 등에서 가야의 뛰어난 철기 문화를 보여 주는 유물이 많이 발견되었다.

5 다음 구조도를 보며 이 글의 내용을 정리해 보고, 빈칸에 알맞은 말을 쓰세요.

가야 연맹의 세력 변화	가야 연맹의 멸망

가야 연맹의 세력 변화

<금관가야>
- 김해 지역의 금관가야가 초기 가야 연맹을 이끎.
- ☐☐☐☐의 공격을 받아 세력이 약해짐.

↓

<대가야>
- 고령 지역의 ☐☐☐☐가 후기 가야 연맹을 이끎.
- 백제, 신라의 압박을 받아 세력이 약해짐.

가야 연맹의 멸망

☐☐☐☐가 신라 법흥왕에 항복함(532).

↓

대가야가 신라 ☐☐☐☐의 공격을 받아 멸망함(562).

↓

나머지 소국도 신라에 흡수됨.

6 이 글과 다음 지도를 보고, 물음에 답하세요.

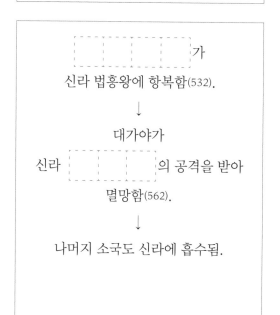

(1) 후기 가야 연맹의 중심이 된 나라를 오른쪽 지도에서 찾아 ◯표 하세요.

(2) 가야 연맹의 중심 나라가 바뀐 까닭을 쓰세요.

- -

큰 타격을 입었기 때문입니다.

- -

고구려

고구려 19대 왕
광개토 대왕

고구려 20대 왕
장수왕

5세기 고구려의 영토 확장

475년

① ☐☐ **장악**

중국의 동북 지방. 압록강과
두만강 북쪽의 넓은 땅.

② ☐☐ **함락**

한강 남쪽에 있었던
백제의 초기 도읍지.

백제

백제 13대 왕
근초고왕

4세기 백제의 영토 확장

백제 25대 왕
무령왕

① ☐☐ **통합**

진한, 변한과 함께
삼한을 이룬 나라.

475년

웅진 천도

22담로에 왕족 파견

신라

신라 22대 왕
지증왕

신라 23대 왕
법흥왕

국호 확정

율령 반포

가야

532년

금관가야 멸망

백제 26대 왕

성왕

538년

② ⬚⬚ **천도**

백제의 세 번째 도읍.
지금의 부여.

551년

**한때 한강 하류
지역을 되찾음**

신라 24대 왕

진흥왕

6세기 신라의 영토 확장

554년

① ⬚⬚ **유역 차지**

한반도 중부를 흐르는 강. 이 유역은
땅이 기름지고 교통이 편리했음.

562년

② ⬚⬚ **정복**

지금의 고령 지역에 있었던
가야 연맹의 한 나라.

562년

대가야 멸망

탐구 주제 1 고구려는 천하를 어떻게 바라보았을까?

〈자료 1〉　고구려의 천하관

　고구려 사람들은 고구려를 천하, 즉 세상의 중심으로 여겼습니다. 그러면서 주변 나라는 오랑캐나 신하의 나라라고 생각했습니다. 또한 자신들이 하늘의 자손이라고 여기면서 자부심을 드러냈습니다.

　고구려가 이처럼 고구려 중심의 천하관을 가진 것은 고구려가 만주에서 한반도 중부에 이르는 광활한 영토를 차지했고, 중국과 어깨를 나란히 할 만큼 세력이 강했기 때문입니다.

〈자료 2〉　연호 '영락'

　우리나라에서 최초로 고유한 연호를 사용한 왕은 고구려의 광개토 대왕입니다. 광개토 대왕의 연호인 '영락'은 영원히 편안함을 누린다는 뜻입니다.

　당시에는 중국의 연호를 그대로 따르는 경우가 흔해서 우리나라 왕은 고유의 연호를 만들어 쓰기 어려웠습니다. 따라서 고구려만의 연호를 사용했다는 것은, 자신들이 중국과 대등하다는 고구려 사람들의 자부심을 드러냅니다.

1 〈자료 1〉과 〈자료 2〉를 읽고, 다음 글에서 고구려 사람들의 자부심이 드러난 부분을 2곳 찾아 밑줄을 그으세요.

> 　옛날에 추모왕(주몽)이 고구려를 세웠다. 그는 북부여에서 태어나셨는데, 천제(하늘)의 아들이다. … 광개토 대왕이 18살에 왕위에 올라 영락 대왕이라 하셨다.　- 광개토 대왕릉비

2 고구려가 고구려 중심의 천하관을 가진 까닭이 무엇인지 다음 핵심어를 모두 넣어 쓰세요.

핵심어 (만주) (한반도 중부) (중국) (세력)

삼국은 왜 한강 유역을 둘러싸고 다퉜을까?

〈자료 1〉 백제의 세력 확장	〈자료 2〉 고구려의 세력 확장	〈자료 3〉 신라의 세력 확장
백제는 한강 유역에 자리 잡은 덕분에 빠르게 힘을 키웠습니다. 한강 유역은 땅이 비옥해 농업에 유리했고, 바닷길을 통해 다른 나라와 교류하기 좋았기 때문입니다. 이러한 지리적 이점을 바탕으로 백제는 4세기 근초고왕 때 활발한 정복 활동을 벌이고, 주변 나라와 활발히 교류하며 세력을 크게 넓혔습니다.	4세기 말, 고구려의 광개토 대왕은 후연과 거란, 숙신과 동부여 등 북쪽 여러 나라를 정복해 광활한 만주 지역을 대부분 차지했습니다. 뒤를 이어 장수왕은 남쪽으로 백제를 공격해 한강 유역을 차지했습니다. 이렇게 고구려는 넓은 영토를 확보하며 동북아시아의 강대국으로 우뚝 섰습니다.	신라는 6세기 중반, 진흥왕 때 이르러 삼국 간 경쟁에서 주도권을 잡았습니다. 진흥왕은 고구려와 백제를 차례로 공격해 마침내 한강 유역을 차지했습니다. 그 후 가야 연맹을 정복하고, 함흥평야로도 나아갔습니다. 

1 〈자료 1〉~〈자료 3〉을 읽고, 빈칸에 공통으로 알맞은 말을 쓰세요.

> (   ) 유역에 자리 잡았던 백제는 475년, 고구려의 장수왕에게 (   ) 유역을 빼앗겼습니다. 그 후 551년, 백제 성왕이 (   ) 유역을 되찾고자 신라 진흥왕과 손잡고 고구려를 공격했고, 두 나라가 (   ) 유역을 나눠 가졌습니다. 뒤이어 진흥왕이 동맹을 깨고 백제를 공격하면서 (   ) 유역은 신라의 차지가 되었습니다.

(   )

2 〈자료 1〉을 참고하여, 삼국이 위 지역을 두고 경쟁한 까닭이 무엇인지 다음 핵심어를 모두 넣어 쓰세요.

핵심어   (땅) (농업) (바닷길) (교류)

- -

- -

| 탐구
주제 3 | 신라에는 어떤 독특한 제도가 있었을까? |

〈자료 1〉 골품제

신라에는 골품제라는 신분 제도가 있어서 태어날 때부터 왕족인 성골과 진골, 6~4두품의 귀족, 3~1두품의 평민으로 나뉘었습니다. 그리고 이러한 골품에 따라 오를 수 있는 관직도 정해져 있었습니다. 예를 들어, 왕족인 진골은 1등급까지 오를 수 있었지만, 귀족인 6두품은 6등급 위로 오를 수 없었습니다.

〈자료 2〉 화랑도와 세속 오계

진흥왕은 화랑도를 통해 나라를 이끌어 갈 인재를 길러 냈습니다. 화랑들은 함께 모여 무예와 학문을 갈고닦으며, 다섯 가지 계율을 지켰습니다. 이를 세속 오계라고 합니다.

첫째, 임금을 충성으로 섬긴다.

둘째, 부모님께 효도를 다한다.

셋째, 친구 사이에는 믿음을 가진다.

넷째, 싸울 때는 물러서지 않는다.

다섯째, 살아 있는 것을 함부로 죽이지 않는다.

세속 오계의 정신은 화랑도를 발전시켜 훗날 신라가 삼국을 통일하는 힘이 되었습니다.

---

1 〈자료 2〉를 읽고, 세속 오계의 내용을 선으로 알맞게 연결하세요.

(1) 임금을 •　　　　　　　• ㉠ 효도를 다한다.

(2) 부모님께 •　　　　　　　• ㉡ 물러서지 않는다.

(3) 싸울 때는 •　　　　　　　• ㉢ 충성으로 섬긴다.

2 〈자료 1〉을 참고하여, 다음 자료를 읽고 알 수 있는 골품제의 특징을 쓰세요.

> 설계두는 신라 귀족 가문의 자손이다. 설계두가 말하기를, "신라에서는 사람을 쓰는 데 골품을 따져서 비록 큰 재주와 뛰어난 공이 있어도 뛰어넘을 수가 없다. 나는 중국으로 가서 특별한 공을 세워 높은 관직에 오를 것이다."라고 말하였다.
>
> - 『삼국사기』

- -

- -

가야는 왜 크게 성장하지 못했을까?

〈자료 1〉 초기 가야 연맹

가야 연맹을 이룬 금관가야, 대가야, 아라가야 등은 각각의 왕이 다스리며 따로따로 세력을 유지했습니다. 그리고 그중 가장 세력이 강한 나라가 연맹을 이끌었습니다.

초기 가야 연맹을 이끈 것은 김해 지역에 있던 금관가야입니다. 금관가야는 질 좋은 철이 많이 났고, 바닷가에 있어서 다른 나라에 철을 팔기도 좋아 이를 바탕으로 번성했습니다. 하지만 고구려 광개토 대왕이 신라에 침입한 왜군을 물리칠 때 큰 타격을 입었고, 그 후 가야 연맹의 중심은 대가야로 바뀌었습니다.

〈자료 2〉 후기 가야 연맹

5세기 이후로는 고령 지역에 있던 대가야가 후기 가야 연맹을 이끌었습니다. 대가야는 땅이 기름지고, 철기를 만드는 기술도 뛰어났습니다.

하지만 6세기 이후, 가야 연맹은 하나의 왕 아래 힘을 하나로 모으지 못한 채로 백제와 신라의 압박을 받아 세력이 계속 약해졌습니다. 그러다 532년 금관가야가 신라 법흥왕에 항복했고, 562년 대가야도 신라 진흥왕의 공격을 받으며 멸망했습니다.

1 〈자료 1〉과 〈자료 2〉를 읽고, ㉠과 ㉡에 알맞은 말을 쓰세요.

	초기 가야 연맹	후기 가야 연맹
중심 나라	(㉠)	대가야
멸망	신라 법흥왕 때	신라 (㉡) 때

2 6세기 이후 가야 연맹의 세력이 약해진 까닭이 무엇인지 다음 핵심어를 모두 넣어 쓰세요.

핵심어 (가야 연맹) (힘) (백제) (신라)

- -

- -

삼국 간 전쟁은 삼국의 운명을 어떻게 갈랐을까요?

삼국은 한반도의 주인공이 되기 위해 여러 차례 전쟁을 벌이며 치열하게 세력을 다퉜어요.
전투에서 승리를 거둬서 세력을 넓히기도 했고, 때로는 패배하여 위기를 맞기도 했지요.

근초고왕

평양성 전투에서 백제가 고구려를 꺾었어요.

고구려와 백제가 세력을 키우며 점차 부딪히는 가운데, 고구려의 고국원왕이 군사를 모아 백제를 두 차례 공격했어요. 백제 근초고왕은 이를 모두 막아 냈어요. 그리고 371년, 이번에는 근초고왕이 직접 군사를 이끌고 고구려의 평양성을 공격했어요. 치열한 전투 도중 고국원왕이 그만 백제군의 화살에 맞아 쓰러졌어요. 고구려는 크게 패배했지요.

그 후 백제는 세력을 더욱 크게 뻗어 나가 백제 역사상 가장 넓은 영토를 이뤘고, 고구려는 소수림왕이 왕위에 올라 나라의 위기를 수습했어요.

광개토 대왕

관미성 전투에서 고구려가 백제를 무너뜨렸어요.

391년, 고구려의 광개토 대왕이 왕위에 올랐어요. 광개토 대왕은 바로 고국원왕의 손자였어요. 광개토 대왕은 곧장 군사를 이끌고 백제를 공격했고, 10개 성을 빼앗았어요. 그런 뒤 백제의 도읍 한성을 지키던 관미성을 공격했어요. 관미성은 절벽으로 둘러싸인 백제 최고의 요새였어요. 광개토 대왕은 일곱 길로 군사를 나눠 끈질기게 관미성을 공격했고, 20여 일 뒤 함락에 성공했어요.

이로써 고구려는 한강 유역을 장악할 기회를 얻었어요. 반대로 백제는 교통로가 막혀 중국과 왕래가 끊기는 등 어려움을 겪었어요.

진흥왕

관산성 전투에서 신라가 백제를 크게 이겼어요.

백제는 고구려 장수왕의 공격으로 도읍 한성이 불타고 왕도 죽어 위기를 맞았어요. 수십 년이 흘러 551년, 백제의 중흥을 꿈꿨던 성왕은 신라 진흥왕과 손잡고 고구려로부터 한강 하류 지역을 되찾는 데 성공했어요. 하지만 2년 만에 진흥왕에게 다시 빼앗겼어요. 신라의 배신에 분노한 성왕은 빼앗긴 땅을 되찾으려 했지만, 관산성에서 신라군에게 잡혀 죽임을 당하고 말았어요.

전투에 승리한 신라는 한강 유역을 차지하게 되었고, 패배한 백제는 다시 쇠락의 길을 걷게 되었지요.

4장

삼국과 가야의 문화

그림으로 만나는
개념

삼국의 생활 모습

왕족과 귀족

비단옷

쌀밥

주로 비단옷을 입고,
쌀을 먹으며, 기와집에 삶

평민

삼베옷

잡곡밥

주로 삼베옷을 입고,
잡곡을 먹으며, 초가집 등에 삶

문장으로 다지는
어휘

비단옷	삼베옷	잡곡	기와집	초가집
비단(누에고치에서 뽑아낸 실로 짠 천)으로 지은 옷. 가볍고 부드러움.	삼베(식물에서 뽑아낸 실로 짠 천)로 만든 옷. 거칠고 튼튼함.	(섞일**잡** 곡식**곡**) 보리, 조, 콩 등 쌀 이외의 모든 곡식.	흙을 구워 만든 기와로 지붕을 얹은 집.	(풀**초** 집**가** -) 짚이나 갈대 등으로 지붕을 얹은 집.

⭐ 삼국 시대 사람들은 **신분**에 따라 의식주 생활 모습이 달랐어요.

왕족과 귀족은 주로 화려한 [   ]을 입었고, 귀한 쌀을 먹었어요.

한편 평민은 주로 거친 [   ]을 입었고, 보리, 조, 콩 같은 [   ]을 먹었어요.

또 왕족과 귀족은 주로 [   ]에 살았고, 평민은 [   ]이나 움집에 살았어요.

삼국의 고분 문화

초기

돌무지무덤
널방 / 돌무지
고구려·백제 초기

돌무지덧널무덤
돌무지 / 흙
나무 덧널
신라 초기

후기

굴식 돌방무덤
앞방 / 널방
이음길
삼국 후기

벽돌무덤
널길
널방
백제 후기

돌무지무덤
돌로 된 관이나 돌로 된 널방(관을 보관하는 방)을 만들고, 바깥에 돌을 쌓아 올린 무덤.

돌무지덧널무덤
나무로 만든 덧널(관을 넣는 곽) 위에 돌을 쌓은 뒤 그 위를 흙으로 덮은 무덤.

굴식 돌방무덤
돌로 넓은 널방과 널길을 만들고 그 위를 흙으로 덮은 무덤.

벽돌무덤
벽돌을 쌓아 만든 무덤. 벽돌로 만든 넓은 널방과 널길을 갖춤.

⭐ 삼국 시대 사람들은 나라와 시기마다 다른 모습의 **고분**을 만들었어요.

고구려와 백제는 초기에 돌을 쌓아 [　　　　　]을 만들었어요.

신라는 초기에 [　　　　　]을 만들었어요.

후기에는 [　　　　　]을 만들었고, 백제는 [　　　　　]도 만들었어요.

삼국은 삶의 모습을 고분에 남겼어요.

▼ 다음 글을 읽고 물음에 답하세요.

**삼국의
생활 모습**

삼국 시대에는 신분에 따라 생활 모습이 달랐어요. 평민은 주로 초가집이나 움집에 살면서 거칠고 수수한 삼베옷을 입었어요. 식사는 보리, 조, 콩 같은 잡곡을 먹었고, 된장이나 소금에 절인 김치 등을 곁들여 간단하게 먹었어요. 한편 왕족이나 귀족은 높은 담과 창고가 있는 기와집에 살면서 색과 무늬가 화려한 비단옷을 입고, 장신구로 꾸몄어요. 왕족이나 귀족은 귀한 쌀밥을 먹을 수 있었고, 고기나 생선도 밥상에 자주 올랐지요.

삼국의 고분

삼국 시대 사람들은 살아 있을 때의 삶이 죽은 뒤에도 이어진다고 생각했어요. 그래서 왕이나 귀족이 죽으면 거대한 무덤을 만들고, 살아 있을 때와 똑같이 생활할 수 있도록 평소에 쓰던 물건이나 장신구 등 껴묻거리를 함께 묻었어요. 또 무덤의 안쪽 벽이나 천장에는 벽화를 그려 넣기도 했어요. 오늘날에도 삼국 시대 때 만들어진 고분이 많이 남아 있어서, 이를 보고 당시 생활 모습을 짐작할 수 있어요.

**삼국의
고분 양식**

삼국의 고분은 나라와 시기마다 다양한 모습으로 만들어졌어요. 고구려는 초기에 돌무지무덤을 만들었어요. 돌무지무덤은 돌로 만든 관 주위에 돌을 쌓아 올린 무덤이에요. 그러다가 4세기부터는 굴식 돌방무덤을 만들기 시작했어요. 굴식 돌방무덤은 돌로 관을 넣을 방, 즉 널방을 만들고, 밖으로 통하는 널길을 만든 뒤, 그 위에 흙을 덮어 만들었어요. 고구려 사람들은 널방의 넓고 평평한 벽과 천장에 고분 벽화를 많이 남겨 놓았답니다.

백제도 초기에는 고구려와 비슷한 모습의 돌무지무덤을 만들었어요. 웅진으로

**바르게
읽기**

1 **이 글의 내용으로 알맞은 것에 ○표, 알맞지 않은 것에 ×표를 하세요.**

(1) 삼국 시대에는 신분에 따라 생활 모습이 달랐다. ( )

(2) 삼국 시대에 평민은 주로 잡곡을, 귀족은 쌀을 먹었다. ( )

(3) 고구려, 백제, 신라 모두 초기에는 돌무지무덤을 주로 만들었다. ( )

(4) 고구려 사람들은 굴식 돌방무덤의 널방에 고분 벽화를 많이 남겼다. ( )

도읍을 옮긴 후에는 굴식 돌방무덤을 주로 만들었지요. 또 백제는 중국 남조의 영향을 받아서 벽돌무덤을 짓기도 했어요. 무령왕의 무덤인 무령왕릉이 바로 대표적인 벽돌무덤이에요. 여기에서 중국의 동전인 오수전과 일본에서 나는 금송*으로 만든 관 등 다른 나라와 관련된 물건이 많이 발견되었는데, 이를 통해 백제가 주변 나라와 활발하게 교류했다는 것을 알 수 있어요.

신라는 초기에 돌무지덧널무덤을 주로 만들다가 6세기 이후 굴식 돌방무덤을 짓기 시작했어요. 돌무지덧널무덤은 나무로 만든 방, 즉 나무 덧널 위에 돌을 쌓은 뒤 다시 흙으로 덮은 무덤이에요. 돌무지덧널무덤에는 입구를 만들지 않았어요. 이 때문에 도굴*이 어려워 유물이 잘 보존될 수 있었지요. 한편 신라의 무덤에서 발견된 금관과 금제 장신구 등은 신라 사람들의 수준 높은 금속 공예 기술을 보여 주고 있어요.

▲ 고구려 장군총(돌무지무덤)

▲ 백제 무령왕릉(벽돌무덤)

▲ 신라 천마총(돌무지덧널무덤)

〈낱말 풀이〉 **껴묻거리** 시체와 함께 묻는 물건을 아울러 이르는 말.
　　　　　 고분 옛날에 만들어진 무덤. 연구할 가치가 있는 옛 무덤만을 이르기도 함.
　　　　　 돌무지 돌무덤을 보호하려고 둘레에 쌓아 둔 돌 더미.
　　　　　 금송 소나무를 닮은, 일본에서만 나는 나무.
　　　　　 도굴 고분이나 묘지를 허가 없이 몰래 파냄.

연결하여
읽기 **2** **삼국의 고분 양식으로 알맞은 것을 골라 (　　　) 안에 기호를 쓰세요.**

(1) 고구려 (　　　→　　　)　　　(2) 백제 (　　　→　　　,　　　)
(3) 신라 (　　　→　　　)

㉠ 벽돌무덤　　　　　　　　㉡ 돌무지무덤

㉢ 굴식 돌방무덤　　　　　　㉣ 돌무지덧널무덤

3 삼국 시대 평민의 생활 모습으로 알맞은 것을 고르세요. ( )

① 쌀로 지은 밥을 주로 먹었다.

② 비단옷을 입고 장신구로 꾸몄다.

③ 고기와 생선을 반찬으로 즐겨 먹었다.

④ 높은 담과 창고가 있는 기와집에 살았다.

⑤ 주로 초가집이나 움집에 살며 삼베옷을 입었다.

4 이 글과 〈보기〉를 읽고, 밑줄 친 '그림'에 대한 설명으로 알맞지 <u>않은</u> 것을 고르세요.

( )

〈보기〉

　　오른쪽 <u>그림</u>은 고구려 고분인 무용총의 벽에 그
려져 있는 고분 벽화로, 손님을 맞이하는 모습을 그
린 그림입니다. 무용총은 대표적인 굴식 돌방무덤인
데, 많은 벽화가 남겨져 있어서 당시 사람들이 어떤
옷을 입고 어떻게 살았는지 생생하게 보여 줍니다.

　　그림의 오른쪽에 앉아 있는 사람이 무덤의 주인인 귀족이고, 왼쪽에 있는 사람
은 손님입니다. 이 그림에서 가장 눈여겨볼 점은 가운데에 있는 사람이 유독 조그
맣게 그려져 있다는 것입니다. 이 사람은 무덤 주인을 모시는 노비입니다. 사람의
크기를 다르게 그려 신분 차이를 나타낸 것입니다. 이를 보고 고구려가 신분제 사
회였다는 것을 알 수 있습니다.

① 고구려의 굴식 돌방무덤에 남겨진 고분 벽화이다.

② 당시 고구려 사람들의 생활 모습을 보여 주고 있다.

③ 손님을 맞이하는 고구려 귀족의 모습을 그린 그림이다.

④ 고구려가 중국 남조의 영향을 받았다는 사실을 알려 준다.

⑤ 신분이 높은 사람은 크게, 신분이 낮은 사람은 작게 그렸다.

5 다음 구조도를 보며 이 글의 내용을 정리해 보고, 빈칸에 알맞은 말을 쓰세요.

삼국의 의식주 생활 : 신분에 따라 다름.		삼국의 고분 문화 : 나라와 시기마다 모습이 다름.	
왕족과 귀족	- 집: 주로 기와집에 삶. - 옷: 주로 [ ]을 입고, 장신구로 꾸밈. - 식사: 쌀밥을 먹고, 고기와 생선도 자주 곁들임.	고구려	- 돌무지무덤 → [ ] [ ] - 고분 벽화가 많이 발견됨.
평민	- 집: 주로 초가집과 움집에 삶. - 옷: 주로 삼베옷을 입음. - 식사: 주로 잡곡을 먹음.	백제	- 돌무지무덤 → 굴식 돌방무덤, [ ] - 다른 나라 관련 물건이 발견됨.
		신라	- 돌무지덧널무덤 → 굴식 돌방무덤 - 돌무지덧널무덤은 도굴이 어려움.

6 이 글과 다음 그림을 보고, 물음에 답하세요.

(1) 오른쪽과 같은 고분 양식에 ◯표 하세요.

(돌무지무덤 , 돌무지덧널무덤 , 굴식 돌방무덤)

(2) 위와 같은 양식의 고분에 유물이 잘 보존될 수 있었던 까닭을 쓰세요.

- -

유물이 잘 보존될 수 있었습니다.

- -

02. 삼국에서 불교와 유학, 도교가 발전했어요.

정답과 해설 17쪽

그림으로 만나는
개념

삼국의 불교문화

고구려	백제	신라

금동 연가 7년명 여래 입상	익산 미륵사지 석탑	황룡사(복원도)

불교문화가 발달해 많은 불상, 탑, 사찰이 만들어짐

문장으로 다지는
어휘

불교문화
(부처**불** 가르칠**교** 글월**문** 될**화**)
불교를 바탕으로 이루어지고 발달된 문화.

금동 연가 7년명 여래 입상
539년(연가 7년)에 고구려에서 여래(부처)의 모습을 조각한 불상.

익산 미륵사지 석탑
(- 돌**석** 탑**탑**)
익산 미륵사 터에 있는 백제의 석탑. 우리나라 석탑 가운데 가장 크고 오래됨.

황룡사
(임금**황** 용**룡** 절**사**)
경주에 있던 신라의 절. 고려 때 몽골의 침입으로 불타 터만 남아 있음.

삼국은 적극적으로 불교를 받아들이며 [   ]를 발전시켰어요.

고구려의 대표적인 불상으로 [   ]이 있어요.

백제의 [   ]은 현재 남아 있는 가장 크고 오래된 석탑이에요.

신라에서는 거대한 사찰인 [   ]를 지어 불교를 장려했어요.

삼국에서는 사찰과 탑, 불상 등 불교문화가 크게 발달했어요.
또 중국에서 유학이 전해져 학문이 발달했고,
도교의 신선 사상도 유행했어요.

유학과 도교 수용

유학   도교

고구려는 태학을 세워
유학을 가르침

백제는 오경박사를 두어
유학을 가르침

신라 임신서기석에
유학에 대한 내용이 담김

귀족을 중심으로
신선 사상이 유행함

유학
(선비유 배울학)
중국 공자의 가르침을 바탕으로 삼는 학문.

태학 (클태 배울학)
고구려 소수림왕이 도읍에 세운 유학 교육 기관. 우리나라 최초의 교육 기관임.

오경박사 (다섯오 글경 넓을박 선비사)
백제 때 유학의 다섯 경전에 통달한 학자에게 준 관직.

임신서기석
(- 맹세서 기록할기 돌석)
임신년에 신라의 두 청년이 나라에 충성하고 유학을 공부하기로 맹세하며 새긴 비석.

도교
(도리도 가르칠교)
자연의 이치에 따라 꾸밈없이 살고, 도를 닦아 신선처럼 살고자 하는 사상 또는 종교.

★ 삼국 시대에는 중국에서 [   ]이 전해져 학문이 발달했어요.

고구려에서는 [   ]을 세우고 백제에서는 [   ]를 두어 유학을 가르쳤어요.

또 [   ]을 보면 신라에도 유학이 전해졌다는 것을 알 수 있어요.

한편 삼국 시대에 [   ]도 전해져 신선 사상이 유행했어요.

삼국에서 불교와 유학, 도교가 발전했어요.

▼ 다음 글을 읽고 물음에 답하세요.

**삼국의
불교문화**

　　오래전부터 사람들은 다양한 토속 신앙*을 가지고 있었어요. 이러한 믿음은 지역이나 집단마다 달랐지요. 삼국은 영토를 넓히고 왕권을 다지면서 백성의 마음을 하나로 모아 이끌기 위해 중국으로부터 불교를 받아들였어요. 불교는 삼국이 중앙 집권 국가로 나아가는 데 커다란 역할을 했어요.

　　삼국에 불교가 널리 퍼지면서 불교문화도 크게 발달했어요. 삼국은 많은 사찰과* 탑을 세우고, 불상을 만들었어요. 백제의 미륵사와 신라의 황룡사가 대표적인 사찰이지요. 사찰의 중심에는 탑을 세웠는데, 처음에는 나무로 만든 목탑을 주로 세우다가 점차 돌로 석탑을 만들었어요. 우리나라에 남아 있는 석탑 중 가장 크고 오래된 석탑인 백제의 익산 미륵사지 석탑을 비롯해 부여 정림사지 5층 석탑, 신라의 경주 분황사 모전 석탑이 오늘날 전해져요. 또 삼국은 다양한 불상을 만들었어요. 고구려의 대표적인 불상으로는 금동 연가 7년명 여래 입상이 있어요. 백제의 서산 용현리 마애 여래 삼존상은 친근한 미소가 돋보여 '백제의 미소'라고 불려요. 또 신라의 경주 배동 석조 여래 삼존 입상은 어린아이와 같은 미소가 특징이에요.

▲ 익산 미륵사지 석탑

▲ 경주 분황사 모전 석탑

▲ 금동 연가 7년명 여래 입상

▲ 서산 용현리 마애 여래 삼존상

**바르게
읽기**

1 이 글의 내용으로 알맞은 것에 ○표, 알맞지 않은 것에 ✕표를 하세요.

(1) 삼국은 모두 불교를 받아들이고 불교문화를 발전시켰다.　　　　　(　　　)

(2) 서산 용현리 마애 여래 삼존상은 신라를 대표하는 불상이다.　　　　(　　　)

(3) 고구려는 태학을 세우고 백제는 오경박사를 두어 유학을 가르쳤다.　(　　　)

(4) 삼국 시대에는 도교가 귀족들의 반대를 받아서 널리 퍼지지 못했다.　(　　　)

삼국 시대에는 중국에서 유학이 들어와 학문이 발달했어요. 유학은 공자의 가르침을 배우는 학문으로, 사람들이 지켜야 할 규범을 만들고 우수한 인재를 기르는 데 영향을 주었지요. 고구려에서는 교육 기관인 태학을 세우고, 백제에서는 유교 경전을 잘 아는 오경박사를 두어 사람들에게 유학을 가르쳤어요. 또 신라의 임신서기석을 보면, '3년 동안 유교 경전을 차례로 공부하겠다'라는 두 청년의 다짐이 적혀 있어서 신라 사람들도 유학을 공부했다는 사실을 알 수 있어요.

삼국의 유학

한편, 중국에서 전해진 도교는 특히 귀족들에게 환영을 받았어요. 도교 사상 중에서도 자연을 따르고 불로장생*을 바라는 신선 사상이 유행했고, 사람들은 이러한 도교의 이상 세계*를 예술로 표현하기도 했어요. 고구려에서는 도교에서 동서남북을 지키는 네 명의 신을 그린 사신도를 고분 벽화로 많이 남겼어요. 또 백제의 산수무늬* 벽돌과 백제 금동 대향로에는 도교의 신선 세계가 아름답게 표현되어 있어요.

삼국의 도교

〈낱말 풀이〉 **토속 신앙** 그 지방에 내려오는 고유한 신앙.
　　　　　 사찰 승려가 불상을 모시면서 부처의 가르침을 실천하고 전하는 곳. 절이라고도 함.
　　　　　 불로장생 늙지 않고 오래 사는 것.
　　　　　 이상 세계 생각할 수 있는 가장 완전한 모습의 세계. 현실에서 겪는 문제가 없는 세계를 말함.
　　　　　 산수무늬 산과 물을 그린 모양. 또는 산과 물이 어우러진 자연을 담은 모양.

연결하여
읽기 **2** 각 학문이나 사상과 관련 있는 것을 골라 (　　) 안에 기호를 쓰세요.

(1) 불교 (　　 , 　　)　　　　　(2) 유학 (　　 , 　　)

(3) 도교 (　　 , 　　)

㉠ 태학　　　　　　　　　　　㉡ 사신도

㉢ 임신서기석　　　　　　　　㉣ 산수무늬 벽돌

㉤ 익산 미륵사지 석탑　　　　㉥ 금동 연가 7년명 여래 입상

3 삼국의 불교와 불교문화에 대한 설명으로 알맞지 **않은** 것을 고르세요.　　　　(　　　)

① 삼국 모두 많은 사찰과 탑, 불상을 만들었다.

② 금동 연가 7년명 여래 입상은 고구려의 대표적인 불상이다.

③ 사람들이 지켜야 할 규범을 만들고 인재를 기르는 데 큰 역할을 했다.

④ 황룡사와 경주 분황사 모전 석탑은 신라의 대표적인 불교 문화유산이다.

⑤ 익산 미륵사지 석탑은 우리나라에 남아 있는 가장 크고 오래된 석탑이다.

4 이 글과 〈보기〉를 읽고, (가)와 (나)에 대한 설명으로 알맞은 것을 고르세요.　　(　　　)

〈보기〉

(가) 백제 금동 대향로

　백제 금동 대향로는 백제 사람들의 생각과 세련된 공예 솜씨를 보여 주는 유물입니다. 향로의 뚜껑에는 74개의 산봉우리 사이로 신선이 사는 도교의 이상 세계를 섬세하게 새겼고, 꼭대기에 봉황을 앉혀 놓았습니다. 향로의 몸통은 불교의 영향을 받아 연꽃잎으로 장식했고, 그 아래 받침에는 용을 새겼습니다.

(나) 고구려의 현무도

　도교에서는 동물 모습을 한 신인 청룡, 백호, 주작, 현무가 동서남북의 네 방위를 지켜 준다고 믿었습니다. 사신도는 이 네 명의 신을 그린 그림인데, 고구려에서는 특히 고분 벽화에 사신도를 많이 남겼습니다. 그중 현무도는 북쪽을 지키는 신인 현무를 마치 살아 있는 듯 생생하게 그려 고구려의 뛰어난 벽화 수준을 보여 줍니다.

---

① (가)는 '백제의 미소'라고도 불린다.

② (나)는 삼국의 중앙 집권과 관련 있는 유물이다.

③ (나)는 고구려의 불교문화를 보여 주는 유물이다.

④ (가)와 (나) 모두 불로장생을 바라는 사상과 관련이 있다.

⑤ (가)와 (나) 모두 삼국에 유학이 전해져 학문이 발달했다는 사실을 보여 준다.

구조로
정리하기

5 다음 구조도를 보며 이 글의 내용을 정리해 보고, 빈칸에 알맞은 말을 쓰세요.

삼국의 불교문화	
사찰	- 백제: 미륵사 - 신라: ⬚⬚⬚
탑	- 백제: 익산 미륵사지 석탑, 부여 정림사지 5층 석탑 - 신라: 경주 분황사 모전 석탑
불상	- 고구려: ⬚⬚⬚ ⬚⬚⬚ 여래 입상 - 백제: 서산 용현리 마애 여래 삼존상 - 신라: 경주 배동 석조 여래 삼존 입상

유학과 도교의 수용	
유학	- 고구려: 태학을 세워 가르침. - 백제: ⬚⬚⬚를 두어 가르침. - 신라: 임신서기석에 유학을 공부하겠다는 다짐을 남김.
도교	- 귀족들에게 신선 사상이 유행함. - 고구려: ⬚⬚⬚를 고분 벽화에 그림. - 백제: 산수무늬 벽돌, 백제 금동 대향로에 신선 세계를 표현함.

서술형
쓰기

6 이 글과 다음 자료를 보고, 물음에 답하세요.

(1) 오른쪽 자료와 관련 있는 사상이나 학문에 〇표 하세요.

(불교 , 유학 , 도교)

> 임신년에, 두 사람이
> … 『시경』, 『상서』, 『예기』, 『춘추전』을 3년 동안 차례로 공부하기로 맹세한다.　- 임신서기석

(2) 임신서기석을 보고 알 수 있는 사실을 쓰세요.

고구려, 백제뿐만 아니라

- -

- -

그림으로 만나는
개념

중국·서역과 교류한 삼국

중국과의 교류

서역과의 교류

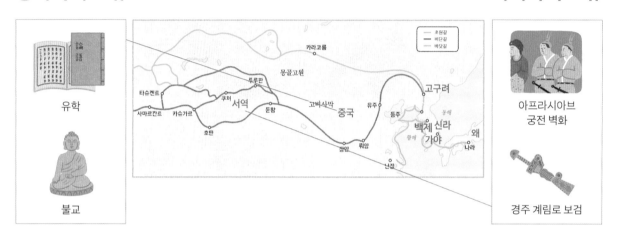

유학

불교

아프라시아브
궁전 벽화

경주 계림로 보검

문장으로 다지는
어휘

유학 (선비유 배울학)
중국 공자의 가르침을 바탕으로 삼는 학문. 인간의 도덕과 사회의 정의를 다룸.

불교 (부처불 가르칠교)
부처의 가르침을 따르는 종교. 깨달음을 통해 행복을 이루고자 함.

서역 (서쪽서 나라역)
중국의 서쪽에 있는 여러 나라를 통틀어 이르는 말.

경주 계림로 보검
신라 고분에서 발견된 금으로 만든 검. 서역에서 유행한 보검과 모습이 비슷함.

삼국은 **중국**과 활발히 교류하며 문화를 발전시켰어요.

삼국은 중국으로부터 [　　] 과 [　　] 등 새로운 문물을 받아들였어요.

삼국은 멀리 [　　] 과도 교류했어요.

아프라시아브 궁전 벽화나 신라의 **경주 계림로** [　　] 등을 보고 알 수 있지요.

삼국과 가야는 중국으로부터 새로운 문물을 받아들이며
멀리 서역과도 교류했고,
일본에 다양한 문물을 전해 주기도 했어요.

일본과 교류한 삼국과 가야

고구려

종이, 먹 만드는
기술을 전함

백제

유학과 불교,
다양한 기술을 전함

신라

배 만드는 기술,
둑 쌓는 기술을 전함

가야

일본 토기인
스에키에 영향을 줌

담징
고구려의 승려이자 화가.
일본에 종이와 먹을 만드는
방법을 알려 줌.

유학 (선비유 배울학)
중국 공자의 가르침을 바탕
으로 삼는 학문. 인간의 도
덕과 사회의 정의를 다룸.

둑
홍수를 예방하거나 물을 가
두어 두기 위해 돌이나 흙
등으로 높이 쌓은 언덕.

스에키
일본 토기의 하나. 회색 또
는 회갈색으로, 가야 토기
의 영향을 받아 만들어짐.

고구려의 [　　　]은 일본에 종이와 먹을 만드는 기술을 가르쳐 주었어요.

백제는 일본에 학자와 승려, 기술자를 보내 [　　　]과 불교, 다양한 기술을 전해 주었어요.

신라는 일본에 배 만드는 기술과 [　　] 쌓는 기술을 전해 주었어요.

가야가 일본에 전해 준 토기 제작 기술은 [　　　　]에 큰 영향을 주었어요.

삼국과 가야는 중국과 서역, 일본과 교류했어요.

▼ 다음 글을 읽고 물음에 답하세요.

삼국과 가야는 여러 나라와 활발하게 교류하며 문화를 발전시켰어요. 초원길과 비단길*, 바닷길을 이용해 중국의 문화를 받아들이고, 멀리 서역과도 교류하며, 일본에 발전된 문화를 전해 주었어요.

중국과의 교류

삼국과 가야는 특히 중국과 활발하게 교류하면서 유학과 불교, 미술과 건축 양식 등을 받아들여 문화를 한층 발전시켰어요. 고구려는 가까운 중국 북조와 주로 교류했고, 백제는 일찍부터 바닷길을 통해 중국 남조와 가까운 관계를 이어 갔어요. 한편 한반도 동남쪽에 동떨어져 있던 신라는 초기에 주로 고구려를 통해 중국의 문화를 받아들였어요. 그러다가 진흥왕이 한강 유역을 차지하고 난 뒤 중국과 직접 교류했지요. 가야도 바닷길을 통해 중국과 교류하며 문화를 발전시켰어요.

서역과의 교류

삼국은 멀리 서역 문화와도 접촉했어요. 고구려는 몽골, 돌궐 등 중앙아시아의 여러 나라와 문물을 주고받았으며, 나아가 페르시아와 교류한 흔적도 남아 있어요. 옛 페르시아 땅에 있는 아프라시아브 궁전 벽화*에는 고구려 사신으로 보이는 사람들이 그려져 있지요. 또 신라의 고분에서도 유리그릇과 경주 계림로 보검 등 서역에서 온 것으로 보이는 유물들이 발견되었어요.

일본과의 교류

삼국과 가야는 일본에 문물을 전해 일본의 고대 문화가 발전하는 데 큰 영향을 주기도 했어요. 삼국 중 일본과 가장 활발하게 교류한 나라는 백제였어요. 백제는 오경박사 등 많은 학자와 승려, 기술자를 일본으로 보내 유학과 불교를 알리고 기술 발전을 도왔지요. 한편 고구려 승려인 담징은 일본에 종이와 먹을 만드는 방법

바르게 읽기

1 **이 글의 내용으로 알맞은 것에 ○표, 알맞지 않은 것에 ✕표를 하세요.**

(1) 삼국과 가야는 중국과 가장 활발히 교류했다. ( )

(2) 고구려는 몽골, 페르시아 등 서역과도 문물을 주고받았다. ( )

(3) 백제는 일본에 배를 만드는 기술과 둑 쌓는 기술을 알려 주었다. ( )

(4) 가야는 중국, 서역과 접촉하지 못했지만 일본과는 활발히 교류했다. ( )

을 전해 주었고, 신라는 일본에 배를 만드는 기술과 둑 쌓는 기술을 알려 주었어요. 가야도 일본과 활발히 교류하면서 철기 문화와 토기 제작 기술을 전해 주었는데, 특히 가야의 토기는 일본의 토기인 스에키의 바탕이 되었답니다. 일본은 이렇게 삼국과 가야의 문화를 받아들여 아스카 문화를 꽃피웠어요.

▲ 삼국과 가야의 대외 교류

〈낱말 풀이〉 **초원길** 중국 만리장성 북쪽 몽골고원에서 시작해 아시아와 유럽을 잇는 길.
비단길 중국에서 서역으로 동서 문화 교류가 이어졌던 길. 중국의 비단이 이 길을 통해 서역에 전해짐.
페르시아 오늘날 이란에 해당하는 지역이자, 이 지역에 연이어 세워진 나라들을 가리켜 부르는 말.
아프라시아브 궁전 벽화 지금의 우즈베키스탄 사마르칸트 지역의 궁전 벽에 그려진 그림.
아스카 문화 일본 아스카 시대의 문화. 일본에서 처음으로 불교문화가 시작됨.

연결하여
읽기

2 **삼국이 다른 나라와 교류한 내용을 선으로 알맞게 연결하세요.**

(1) 중국 •

• ㉠ 유학과 불교를 삼국에 전했다.

(2) 서역 •

• ㉡ 아프라시아브 궁전 벽화 등 교류한 흔적이 남아 있다.

(3) 일본 •

• ㉢ 삼국과 가야의 문화를 받아들여 아스카 문화를 꽃피웠다.

3 삼국과 가야의 대외 교류에 대한 설명으로 알맞지 <u>않은</u> 것을 고르세요. (　　　)

① 고구려는 중국 북조, 백제는 중국 남조와 가깝게 교류했다.

② 가야는 일본에 배를 만드는 기술과 둑 쌓는 기술을 알려 주었다.

③ 고구려의 담징은 일본에 종이와 먹을 만드는 방법을 알려 주었다.

④ 경주 계림로 보검은 신라에 서역 문화가 전해졌다는 사실을 보여 준다.

⑤ 신라는 한강 유역을 차지하기 전까지 주로 고구려를 통해 중국의 문화를 받아들였다.

4 이 글과 〈보기〉를 읽고, (가)와 (나)에 대한 설명으로 알맞은 것을 고르세요. (　　　)

〈보기〉

(가) 아프라시아브 궁전 벽화

　오른쪽 벽화는 멀리 우즈베키스탄의 한 궁전 벽에 그려진 그림입니다. 많은 학자는 오른쪽에 서 있는 두 사람이 고구려 사신일 것이라고 짐작하고 있습니다. 깃털을 꽂은 모자와 손잡이 모양이 독특한 칼, 옷 등이 당시 고구려에서 유행했던 모습과 똑같기 때문입니다.

(나) 경주 계림로 보검

　경주 계림로 보검은 신라의 한 고분 안에서 발견되었습니다. 그런데 보석을 장식한 모습이 한눈에 보아도 삼국에서 만들어진 다른 보검들과 크게 달랐습니다.

금으로 테두리를 만들고 그 안에 색색의 보석을 빼곡히 박아 놓았는데, 이것은 당시 그리스와 로마, 서아시아 등 서역에서 유행했던 양식입니다.

① (가)는 고구려의 고분 벽화이다.

② (나)는 일본에 전해진 신라의 보검이다.

③ (가)는 고구려가 중국 북조와 교류한 사실을 보여 준다.

④ (나)는 신라에 서역 문화가 전해졌다는 사실을 보여 준다.

⑤ (가)와 (나)는 삼국이 일본과 가깝게 교류한 사실을 보여 준다.

5 다음 구조도를 보며 이 글의 내용을 정리해 보고, 빈칸에 알맞은 말을 쓰세요.

삼국과 가야의 대외 교류		
중국과의 교류	서역과의 교류	일본과의 교류
- 고구려: 중국 북조와 주로 교류함. - 백제: 중국 남조와 주로 교류함. - ☐☐☐ : 한강 유역을 차지한 후부터 중국과 직접 교류함. - 가야: 바닷길을 통해 교류함.	- 아프라시아브 궁전 벽화 : ☐☐☐☐ 와 서역의 교류를 보여 줌. - 경주 계림로 보검: 신라와 서역의 교류를 보여 줌.	- 고구려: 담징이 종이, 먹 만드는 방법을 전함. - ☐☐☐ : 유학과 불교를 알리고 기술 발전을 도움. - 신라: 배 만드는 기술과 둑 쌓는 기술을 전함. - ☐☐☐ : 철기 문화, 토기 제작 기술을 전함.

6 이 글과 다음 자료를 보고, 물음에 답하세요.

나는 (㉠)에서 온 담징이오. 나는 일본에 종이와 먹을 만드는 방법을 알려 주었소.

나는 (㉡)에서 둑 쌓는 기술을 전하러 왔소. 우리나라는 일본에 배 만드는 기술도 알려 주었소.

(1) ㉠과 ㉡에 알맞은 나라 이름을 쓰세요.

㉠ _____   ㉡ _____

(2) 삼국과 가야의 문화는 일본에 어떤 영향을 주었는지 쓰세요.

일본은 삼국과 가야의 문화를 받아들여

_____

_____

삼국의 고분

고구려

① ☐☐☐☐

돌로 된 널방을 만들고, 바깥에
돌을 쌓아 올려 만든 무덤.

↓

③ ☐☐
☐☐☐☐

돌로 널방과 널길을 만들고
그 위를 흙으로 덮은 무덤.

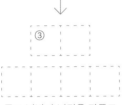

백제

돌무지무덤

↓

**굴식 돌방무덤,
벽돌무덤**

신라

② ☐☐☐☐☐

나무 덧널 위에 돌을 쌓고
그 위를 흙으로 덮은 무덤.

↓

굴식 돌방무덤

삼국의 불교문화

고구려

**금동 연가
7년명 여래 입상**

백제

① ☐☐☐☐☐☐

익산 미륵사 터에 있는
백제의 가장 크고 오래된 석탑.

신라

② ☐☐☐

경주에 있던 신라의 절.
지금은 터만 남아 있음.

삼국의 대외 교류

일본과의 교류

고구려

③ ⬚ ⬚ ⬚
일본에 종이와 먹을 만드는 방법을 알려 준 고구려의 승려.

백제

유학, 불교, 다양한 기술

신라

배 만드는 기술, 둑 쌓는 기술

가야

철기 문화, 토기 제작 기술

서역과의 교류

아프라시아브 궁전 벽화

경주

① ⬚ ⬚ ⬚ ⬚ ⬚
신라 고분에서 발견된 서역에서 유행한 모습의 보검.

중국과의 교류

② ⬚ ⬚ **수용**
공자의 가르침을 바탕으로 삼는 학문.

불교 수용

삼국의 유학 발달

고구려

① ⬚ ⬚ ⬚
고구려 소수림왕이 세운 유학 교육 기관.

백제

오경박사

신라

② ⬚ ⬚ ⬚ ⬚ ⬚
신라의 두 청년이 유학을 공부하기로 맹세하며 새긴 비석.

탐구 주제 1 삼국의 고분에서 발견된 문화유산에는 어떤 것이 있을까?

〈자료 1〉 고구려 무용총

무용총은 고구려 고분입니다. 사람들이 춤추는 모습이 벽에 그려져 있어 무용총이라고 불리게 되었습니다.

무용총에서는 다양한 고분 벽화가 발견되었습니다. 천장에는 하늘의 모습과 사신도가 그려져 있고, 벽에는 사람들의 생활 모습을 그린 벽화가 많이 남겨져 있습니다.

〈자료 2〉 백제 무령왕릉

무령왕릉은 백제 25대 왕인 무령왕의 무덤입니다.

무령왕릉에서는 중국 남조에서 유행한 동물 모양 돌 조각상, 일본에서만 자라는 '금송'이라는 나무로 만든 관 등 주변 나라와 관련된 물건이 많이 발견되었습니다. 이는 백제가 주변 나라와 활발하게 교류했다는 사실을 알려 줍니다.

〈자료 3〉 신라 천마총

신라 고분인 천마총에서는 금관과 금제 허리띠 등 금으로 만든 물건이 많이 발견되었습니다. 신라는 다른 나라들에게 '황금의 나라'라고 불릴 만큼 황금 문화가 매우 발달한 나라였습니다.

신라 금관은 나뭇가지와 사슴뿔 모양으로 정교하게 만들고, 옥 장식을 달아 꾸민 것이 특징입니다.

1 〈자료 1〉~〈자료 3〉을 읽고, ㉠과 ㉡에 알맞은 말을 찾아 쓰세요.

> 삼국의 고분에 남겨진 유물을 보면 당시 생활 모습을 짐작할 수 있습니다. 고구려 무용총에서는 다양한 (㉠)가 발견되었고, 백제 무령왕릉에서는 주변 나라의 물건이 많이 발견되었습니다. 신라 천마총에서는 (㉡)으로 만든 물건이 많이 발견되었습니다.

2 무령왕릉의 돌 조각상과 관을 보고 알 수 있는 사실이 무엇인지 다음 핵심어를 모두 넣어 쓰세요.

핵심어 (백제) (중국 남조) (일본) (교류)

- -

- -

삼국의 불교 문화유산은 어떤 모습일까?

〈자료 1〉   **익산 미륵사지 석탑**

익산 미륵사지 석탑은 우리나라에 남아 있는 가장 크고 오래된 석탑으로, 백제 30대 왕인 무왕 때 만들어졌습니다.

삼국은 처음에 목탑을 많이 만들다가 점차 석탑을 만들기 시작했습니다. 나무로 만든 목탑은 재료를 다루기 쉽고 아름답지만 썩거나 불에 타기 쉬웠기 때문입니다. 익산 미륵사지 석탑은 목탑에서 석탑으로 발전하는 모습을 보여 주는 탑으로, 목탑의 모습을 간직해 지붕이나 기둥이 부드럽고 날렵하게 만들어졌습니다.

〈자료 2〉   **황룡사**

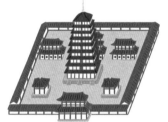

황룡사는 신라 24대 왕인 진흥왕 때 세운 절입니다. 고려 때 몽골이 침입하면서 불타 사라지고, 지금은 터만 남아 있습니다.

황룡사의 중앙에는 황룡사 9층 목탑이 있었습니다. 이 목탑은 나라 안팎으로 전쟁과 반란에 시달리던 신라 27대 선덕 여왕이 백성의 마음을 모으고, 불교의 힘으로 주변 나라를 물리치고자 세웠습니다. 탑의 각 층은 신라 주변의 아홉 나라를 가리키는데, 탑을 다 만들면 이 나라들이 신라를 섬기게 될 것이라고 믿었습니다.

1 〈자료 1〉과 〈자료 2〉를 보고, ㉠에 알맞은 말을 찾아 쓰세요.

주말에 백제의 역사를 간직한 익산으로 견학을 다녀왔다. 제일 먼저, 우리나라에 남아 있는 가장 크고 오래된 석탑이라는 (㉠   )을 찾았다. 직접 보니 크기도 대단했지만, 단단한 돌로 목탑처럼 부드럽고 날렵하게 표현했다는 점이 놀라웠다.

2 선덕 여왕이 황룡사 9층 목탑을 지은 까닭이 무엇인지 다음 핵심어를 모두 넣어 쓰세요.

핵심어   (선덕 여왕) (백성의 마음) (불교의 힘) (주변 나라)

탐구 주제 3 삼국에는 불교 외에 어떤 사상과 학문이 전해졌을까?

〈자료 1〉 백제 금동 대향로

삼국에서 도교는 귀족을 중심으로 퍼졌고, 특히 신선 사상이 유행했습니다. 도교의 이상 세계를 담은 예술 작품도 만들어졌습니다.

백제 금동 대향로의 뚜껑에는 74개의 산봉우리 사이로 신선과 동물 등 도교의 이상 세계가 아름답게 조각되어 있습니다.

〈자료 2〉 임신서기석

임신년 6월 16일, 두 사람이 함께 나라에 충성하고, …『시경』, 『상서』, 『예기』, 『춘추전』을 3년 동안 차례로 공부하기로 맹세한다.

- 임신서기석

임신서기석은 신라 시대 비석으로, 임신년에 새긴 비석이라는 뜻입니다.

이 비석에는 나라에 충성하고, 네 가지 유교 경전을 공부하겠다는 두 청년의 다짐이 새겨져 있어서 신라에도 유학이 전해졌다는 사실을 보여 줍니다.

1 〈자료 1〉과 〈자료 2〉를 보고, 유물과 관련 있는 나라, 사상 또는 학문을 찾아 쓰세요.

	백제 금동 대향로	임신서기석
나라	백제	(㉠)
사상 / 학문	(㉡)	(㉢)

2 〈자료 1〉을 참고하여, 삼국에서 도교가 어떻게 발달했는지 다음 핵심어를 모두 넣어 쓰세요.

핵심어 (도교) (귀족) (신선 사상) (이상 세계) (예술)

삼국과 가야는 일본과 어떻게 교류했을까?

〈자료 1〉 일본에 전해진 삼국과 가야의 문화

고구려 고구려 승려인 담징은 일본에 종이와 먹을 만드는 방법을 전해 주었습니다.

백제 많은 학자와 승려, 기술자를 보내 유학, 불교, 다양한 기술을 알려 주었습니다.

신라 일본에 배를 만드는 기술과 둑 쌓는 기술을 알려 주었습니다.

가야 일본에 철기 문화와 토기 제작 기술을 전했고, 일본의 토기인 스에키에 큰 영향을 주었습니다.

〈자료 2〉 다카마쓰 고분 벽화와 수산리 고분 벽화

▲ 일본 다카마쓰 고분 벽화

일본의 다카마쓰 고분 벽화를 보면, 수 세기 전에 그려진 고구려 수산리 고분 벽화 속 고구려 부인들과 옷차림새가 매우 닮았습니다. 또 인물을 그리는 방법도 고구려와 비슷합니다.

▲ 고구려 수산리 고분 벽화

1 〈자료 1〉을 보고, ㉠에 알맞은 말을 찾아 쓰세요.

두 토기가 똑 닮았지요? 가야가 일본에 전해 준 (㉠) 기술은 일본의 토기인 스에키가 만들어지는 바탕이 되었답니다.

2 〈자료 2〉를 읽고 알 수 있는 사실이 무엇인지 다음 핵심어를 모두 넣어 쓰세요.

핵심어 (일본 미술) (고구려 미술) (영향)

삼국은 어떤 문화를 활짝 꽃피웠을까요?

삼국은 미술과 건축, 과학 기술 등을 발전시키며 독자적인 문화를 꽃피웠어요.
고구려의 회화, 백제의 탑, 신라의 첨성대를 통해 삼국의 우수한 문화를 엿볼 수 있어요.

고구려 사람들은 힘찬 기상을 회화에 담았어요.

고구려는 일찍부터 중국과 서역의 미술 양식을 받아들이면서 고구려만의 힘차고 멋진 회화 양식을 발전시켰어요.

고구려 사람들이 사냥하는 모습을 그린 무용총의 '수렵도'는 고구려 회화의 특색을 잘 담고 있어서 특히 유명해요. 말을 탄 사람이 힘차게 활을 당기는 모습이 생생하게 그려져 있고, 죽을힘을 다해 달아나는 동물들의 동작에서는 팽팽한 긴장감이 느껴지지요. 또 산은 율동감이 느껴지도록 물결 모양으로 그려 그림에 활력을 더하고 있어요. 고구려 회화는 이후 백제, 신라, 가야, 그리고 일본의 미술 발전에 큰 영향을 주었답니다.

백제 사람들은 아름다운 탑을 만들었어요.

백제의 익산 미륵사지 석탑과 부여 정림사지 5층 석탑은 모양이 아름답고 균형이 잘 잡혀 있는 데다, 석탑이지만 목탑의 모습도 간직하고 있어서 역사적으로도 가치가 매우 높아요. 미륵사지 석탑은 백제 석탑 중 가장 크고 웅장하며, 정림사지 5층 석탑은 안정적이고 우아한 모습으로 백제의 수준 높은 건축 솜씨를 잘 보여 주고 있지요.

신라가 백제의 석공인 아비지를 초청해서 황룡사 9층 목탑을 만들었을 정도로, 삼국 중에서 탑을 쌓는 기술은 백제가 가장 앞서 있었어요. 일본에서 가장 오래된 탑인 호류지 5층 목탑도 백제의 영향을 받아 만들어졌지요.

신라의 첨성대는 동양에서 가장 오래된 천문대예요.

첨성대는 신라 최초의 여왕인 선덕 여왕 때 만들어진 천문대로, 동양에서 가장 오래된 천문대예요. 선덕 여왕은 하늘의 변화를 관찰하고 예측해 여왕의 권위를 높이고, 백성의 농사를 돕기 위해 첨성대를 만들었다고 해요.

첨성대가 품은 숫자에는 여러 과학적 비밀이 숨어 있어요. 첨성대는 362개의 벽돌을 둥글게 쌓아 만들었는데, 이 벽돌 수는 1년을 이루는 날짜 수와 비슷해요. 또 첨성대 가운데에는 안팎으로 드나들 수 있는 네모난 창문이 나 있는데, 창문의 윗부분과 아랫부분이 각각 12단으로 이루어져 있어요. 이것은 1년의 12달과 24절기를 의미한답니다.

이어지는
2권에서
'통일 신라와 발해'를 만나요!

역사 용어 찾아보기

● 교과서 〈한국사〉를 쉽고 간단하게 ●

한국사도 독해가 먼저다

1권
전 6권 **고조선~삼국**

정답과 해설

교육 R&D에 앞서가는

키출판사

어휘

약 70만 년 전, 만주와 한반도에 **구 석 기** **시 대** 가 열렸어요.

구석기 시대에는 돌을 떼어 내어 **뗀 석 기** 를 만들어 썼어요.

뗀석기를 사용해 동물을 **사 냥** 하거나 열매를 **채 집** 해서 먹을거리를 구했어요.

사람들은 동굴이나 바위 그늘에 살면서 먹을거리를 찾아 **이 동** **생 활** 을 했어요.

약 1만 년 전, 기후가 오늘날처럼 따뜻해지면서 **신 석 기** **시 대** 가 열렸어요.

신석기 시대에는 돌을 갈아 **간 석 기** 를 만들어 썼어요.

사람들은 이때 처음으로 **농 경** 과 **목 축** 을 시작했어요.

그러면서 움집을 짓고 한곳에 **정 착** **생 활** 을 하게 되었어요.

독해

1. (1) ✕ (2) ◯ (3) ✕ (4) ◯

✕표 답 풀이

(1) 선사 시대는 문자가 만들어지기 이전을 말하며, 도구의 발달에 따라 구석기 시대와 신석기 시대 등으로 나뉜다.

(3) 신석기 시대에도 여전히 사냥과 채집, 고기잡이를 했다.

2. (1) ㉠, ㉡ (2) ㉢, ㉣

정답 풀이

(1) 주먹도끼(㉠)와 슴베찌르개(㉡)는 구석기 시대부터 만들어 사용한 뗀석기이다. 주먹도끼는 다양한 용도로, 슴베찌르개는 사냥용으로 사용했다.

(2) 갈돌과 갈판(㉢), 빗살무늬 토기(㉣)는 신석기 시대부터 사용한 도구이다. 갈돌과 갈판은 곡식을 갈거나 껍질을 벗기는 데 사용했고, 빗살무늬 토기는 음식을 조리하거나 보관하는 데 사용했다.

3. ⑤

오답 풀이

①~④ 신석기 시대 사람들의 생활 모습이다.

4. ④

정답 풀이

④ (나) 갈돌과 갈판은 곡식을 갈거나 껍질을 벗길 때 사용한 도구이다. 음식을 조리하거나 보관하는 데 사용한 도구는 토기이다.

5.

구 석 기 시대		신석기 시대	
〈생활 모습〉 - 사냥, 고기잡이, 채집으로 먹을거리를 구함. - 주로 동굴이나 바위 그늘에 살며, 먹을거리를 찾아 이동 생활을 함.		〈생활 모습〉 - **농 경** 과 목축을 시작함. - 움집을 짓고, 한곳에서 정착 생활을 함.	
〈도구〉 - **뗀 석 기** : 돌을 떼어 내어 만든 도구		〈도구〉 - **간 석 기** : 돌을 갈아 만든 도구 - 빗살무늬 토기: 음식을 조리·보관하는 도구	

6. (1) ㉠ 농경 ㉡ 목축

(2) **모범 답안**

신석기 시대 사람들은 **바닷가나 강가에 움집을 짓고 한곳에 정착해** 살게 되었습니다.

어휘

청동기 시대에는 전보다 농 경 이 더욱 발달해 더 많은 곡식이 생산되었어요.

먹고도 남는 곡식이 생기자 사 유 재 산 이라는 개념이 나타났지요.

그리고 재산과 권력에 따라 계 급 이 나뉘었어요.

특히 재산과 권력이 많은 사람은 군 장 이 되어 부족을 이끌었어요.

귀한 청 동 기 는 주로 무기나 장신구, 제사용 도구로 쓰였어요.

대표적인 청동기 시대 유물로는 청동으로 만든 칼인 비 파 형 동 검 이 있어요.

하지만 농사 등 일상생활에서는 여전히 반 달 돌 칼 과 같은 석기를 사용했어요.

또 농사로 얻은 곡식은 민 무 늬 토 기 등에 저장하고 조리했어요.

독해

1. (1) ○ (2) ✕ (3) ○ (4) ○

×표 답 풀이

(2) 청동기는 재료를 구하기 힘들고 만드는 방법이 까다로워 널리 사용되지 않았다. 농기구와 같은 생활 도구는 여전히 돌로 만든 도구를 사용했다.

2. (1) ⓒ, ⓔ (2) ㄱ, ㄴ

정답 풀이

(1) 청동기는 주로 비파형 동검(ⓒ), 거친무늬 거울(ⓔ)처럼 무기나 제사용 도구, 장신구를 만드는 데 쓰였다.

(2) 농기구와 같은 생활 도구는 돌괭이(ㄱ), 반달 돌칼(ㄴ)과 같이 대부분 돌로 만든 도구였다.

3. ④

정답 풀이

④ 구리, 주석 등을 녹여 만든 청동으로는 주로 무기, 제사용 도구, 장신구를 만들었고, 농기구는 주로 돌로 만들었다.

4. ③

정답 풀이

③ 청동기 시대에는 사유 재산이라는 개념이 생겨났고, 계급도 나뉘었다.

5.

청동기 시대의 생활 모습	청동기 시대의 도구
농경이 더욱 발달해 생산량이 늘어남. ↓ 남는 생산물이 재산이 되면서 **사 유 재 산** 개념이 생겨남. ↓ 빈부 차이가 생기고, **계 급** 이 나뉨. ↓ 많은 재산과 권력을 가진 군장이 나타남.	- 청동기: 무기, 제사용 도구, 장신구에 쓰임. 예) **비 파 형 동 검** , 거친무늬 거울 - 돌로 만든 도구: 생활 도구로 쓰임. 예) 반달 돌칼, 돌괭이 - 토기: 음식을 조리하고 보관함. 예) 민무늬 토기

6. (1) ㄱ **사유 재산**

(2) 모범 답안

청동기 시대에는 사유 재산이 많고 적음에 따라 **빈부 차이가 생겼고, 계급이 나뉘었습니다.**

어휘

청 동 기 문 화 가 발달하면서 부족 간에 경쟁이 치열해졌어요.

부족들이 세력을 다투는 가운데, 우리 역사 속 첫 국가인 고 조 선 이 세워졌어요.

고조선은 기원전 2333년에 단 군 왕 검 이 세웠어요.

단군왕검이라는 이름에서 고조선이 제 정 일 치 사회였다는 것을 알 수 있어요.

기원전 5세기 무렵 중국에서 철 기 문 화 가 차츰 들어오기 시작했어요.

위 만 이 왕위에 오른 뒤에는 철기를 적극적으로 받아들여 농업이 크게 발달했어요.

고조선은 중 계 무 역 으로도 많은 경제적 이익을 얻어 세력을 넓혔어요.

이에 위협을 느낀 중국의 한 이 쳐들어왔고, 1년여 뒤 고조선이 멸망했어요.

독해

1. (1) ○ (2) ○ (3) × (4) ○

×표 답 풀이

(3) 고조선에는 8개의 조항으로 된 8조법이 있었다. 이 가운데 오늘날에는 3개의 조항만 전해진다.

2. (1) → (3) → (2) → (4)

정답 풀이

(1) 기원전 2333년에 단군왕검이 고조선을 건국했다. → (3) 기원전 5세기 무렵 고조선에 철기 문화가 처음 전해졌다. → (2) 기원전 2세기 무렵에는 위만이 연에서 내려와 고조선의 왕위를 차지했다. → (4) 한이 고조선을 침입했고, 왕검성이 함락되며 고조선은 멸망했다.

3. ⑤

정답 풀이

⑤ 고조선은 한의 침입을 받아 멸망했다. 연에서 무리를 이끌고 내려온 위만은 고조선의 왕위에 올라 철기 문화를 적극적으로 받아들이며 고조선을 크게 발전시켰다.

4. ③

정답 풀이

③ 노비는 다른 사람의 지배를 받는 신분이므로, 해당 법 조항은 고조선이 계급이 나뉘어 있는 계급 사회였다는 사실을 알려 준다.

5.

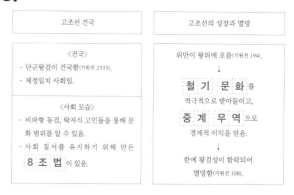

고조선 건국	고조선의 성장과 멸망
〈건국〉 - 단군왕검이 건국함(기원전 2333). - 제정일치 사회임. 〈사회 모습〉 - 비파형 동검, 탁자식 고인돌을 통해 문화 범위를 알 수 있음. - 사회 질서를 유지하기 위해 만든 8 조 법 이 있음.	위만이 왕위에 오름(기원전 194). ↓ 철 기 문 화 를 적극적으로 받아들이고, 중 계 무 역 으로 경제적 이익을 얻음. ↓ 한에 왕검성이 함락되어 멸망함(기원전 108).

6. (1) ㉠ 고조선

(2) 모범 답안

비파형 동검과 탁자식 고인돌이 어디에서 발견되는지를 살펴보면 고조선의 문화 범위를 짐작할 수 있습니다.

어휘

철기 문화를 바탕으로 만주 쑹화강 유역의 평야 지역에 　부　여　 가 세워졌어요.

부여는 다섯 부족이 합쳐 이뤄진 　연　맹　왕　국　 이었어요.

부여에는 왕이나 귀족이 죽으면 　순　장　 을 하는 풍습이 있었어요.

부여에서는 12월마다 　영　고　 라는 제천 행사를 열어 하늘에 제사를 지냈어요.

철기 문화를 바탕으로 압록강 유역의 산간 지역에 　고　구　려　 가 세워졌어요.

고구려도 처음에 다섯 부족이 합쳐 이뤄진 　연　맹　왕　국　 이었어요.

고구려에는 신랑이 일정 기간 신부 집에 머무르는 　서　옥　제　 라는 풍습이 있었어요.

고구려에서는 10월마다 　동　맹　 이라는 제천 행사를 열었어요.

독해

1. (1)○ (2)○ (3)○ (4)✕

✕표 답 풀이

(4) 부여와 고구려 모두 나라의 중요한 일을 왕과 부족의 대표들이 함께 의논하여 결정했다.

2. (1)ⓛ, ⓒ　(2)㉠, ㉣

정답 풀이

(1) 부여는 넓은 평야와 초원이 있어서(ⓛ) 농경과 목축이 발달했고, 해마다 12월에 영고라는 제천 행사를 열었다(ⓒ).

(2) 고구려는 산이 많고 땅이 거칠어서(㉠) 농사지을 땅이 부족한 대신 적극적으로 정복 활동을 했고, 서옥제라는 독특한 혼인 풍습이 있었다(㉣).

3. ①

정답 풀이

① 농경과 목축이 발달한 것은 부여의 특징으로, 고구려는 땅이 거칠어 농사지을 땅이 부족했다.

4. ⑤

정답 풀이

⑤ 부여의 관직 이름을 가축 이름에서 따온 것은 부여에 목축이 발달해 가축을 중요하게 여겼기 때문으로 볼 수 있다.

5.

부여	고구려
〈위치와 통치 모습〉 - 만주 쑹화강 유역에 세워짐. - 농경과 목축이 발달함. - 다섯 부족으로 이뤄진 연맹 왕국임. - '가'가 다스리는 　사　출　도　 가 있었음.	〈위치와 통치 모습〉 - 압록강 유역의 졸본에 세워짐(기원전 37). - 정복 활동을 활발히 함. - 다섯 부족으로 이뤄진 연맹 왕국임. - 왕과 대가들이 회의하여 나랏일을 결정함.
〈풍습〉 - 순장이라는 장례 풍습이 있었음. - 　영　고　 라는 제천 행사가 열림.	〈풍습〉 - 　서　옥　제　 라는 혼인 풍습이 있었음. - 동맹이라는 제천 행사가 열림.

6. (1) (부여 , ⑯고구려)

(2) 　모범 답안　

고구려는 노동력을 중요하게 생각했기 때문에 신랑이 신부의 집에 머무르며 일을 돕도록 했습니다.

어휘

철기 문화를 바탕으로 동해안에는 **옥 저** 와 **동 예** 가 세워졌어요.

옥저와 동예에는 왕이 없었고 **군장**이 각 지역을 다스렸어요.

옥저에는 **민 며 느 리 제**, 동예에는 **책 화** 라는 독특한 풍습이 있었어요.

또 동예에서는 10월마다 **무 천** 이라는 제천 행사를 열었어요.

한반도 남쪽에는 작은 나라들이 모여 **마한**, **진한**, **변한**의 세 나라를 이뤘어요.

이 세 나라를 통틀어 **삼 한** 이라고 해요.

삼한은 **군 장** 이 각 소국을 다스렸고, **천 군** 은 소도에서 제사를 주관했어요.

삼한에서는 벼농사가 발달해 제천 행사로 **계 절 제** 를 일 년에 두 번 지냈어요.

독해

1. (1) ○ (2) ○ (3) ✕ (4) ○

✕표 답 풀이

(3) 일 년에 두 번, 5월과 10월에 제천 행사를 연 곳은 삼한이다.

2. (1) ㉤, ㉥ (2) ㉢, ㉣ (3) ㉠, ㉡

정답 풀이

(1) 옥저에는 혼인 풍습인 민며느리제(㉤)와 장례 풍습인 가족 공동 무덤(㉥)이 있었다.

(2) 동예에는 마을의 경계를 넘으면 배상해야 하는 책화(㉢)와 혼인 풍습인 족외혼(㉣)이 있었다.

(3) 삼한은 천군이 소도(㉠)에 머물렀고, 5월과 10월에 계절제(㉡)를 지냈다.

3. ①

정답 풀이

① 주어진 글은 민며느리제에 대한 설명으로, 이와 같은 풍습이 있었던 나라는 옥저이다. 옥저는 한반도 동해안에 자리했으며, 37쪽 본문의 지도에서 위치를 확인할 수 있다.

4. ④

<보기>는 각각 천군과 소도, 계절제에 대한 설명으로 ㉠은 삼한을 말한다.

정답 풀이

④ 가족이 죽으면 뼈를 모아서 가족 공동 무덤에 함께 묻는 것은 옥저의 풍습이다.

5.

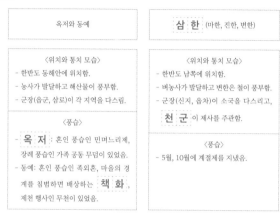

6. (1) (옥저 , ⃝동예 , 삼한)

(2) **모범 답안**

동예는 각 씨족의 영역을 중요하게 생각해서 마을의 경계를 침범하면 배상해야 했습니다.

개념 정리

선사 시대와 청동기 시대　① 구석기　② 신석기
고조선　　　　　　　　　① 고조선　② 한
도구의 발달　　　　　　　① 뗀석기　② 청동기
여러 나라의 풍습과 특징　① 영고　② 서옥제　③ 민며느리제　④ 책화　⑤ 천군

탐구 독해

탐구 주제 1

1. ㉠ 농경

2. 모범 답안
구석기와 신석기 시대에는 모두가 평등하게 지냈지만, **청동기 시대**에는 **사유 재산**이 생겼고, 재산과 권력에 따라 **계급**이 나뉘었습니다.

탐구 주제 2

1. (1) - ㉢
(2) - ㉠
(3) - ㉡

2. 모범 답안
고조선의 건국 이야기는 고조선을 건국한 세력이 **건국의 신성함과 지배자의 권위**를 내세우려고 만들었습니다.

탐구 주제 3

1. ㉠ 서옥제

2. 모범 답안
철기 문화가 발달하면서 나라가 발전하기 위해서는 **노동력**이 중요해졌기 때문에 서옥제, 민며느리제와 같은 독특한 **혼인 풍습**이 생겨났습니다.

탐구 주제 4

1. ㉠ 영고
㉡ 동맹
㉢ 무천

2. 모범 답안
철기 문화를 바탕으로 한 여러 나라에서는 **농사**가 잘되기를 하늘에 빌고, 모두 한데 어우러져 화합하기 위해 제천 행사를 열었습니다.

어휘

주몽이 부여에서 내려와 고 구 려 를 세웠어요.

주 몽 은 압록강 유역의 졸본에 도읍해 고구려를 세웠어요.

주몽의 아들 온조가 백 제 를 세웠어요.

온 조 는 한강 유역의 위례성에 도읍해 백제를 세웠어요.

한반도 동남쪽에서 박혁거세가 신 라 를 세웠어요.

박 혁 거 세 는 경주 지역에 신라를 세웠어요.

한반도 남쪽 낙동강 주변에서는 가 야 연 맹 이 이뤄졌어요.

여러 가야 중 가장 번성한 금 관 가 야 가 연맹을 이끌었어요.

독해

1. (1) ✕ (2) ○ (3) ✕ (4) ○

✕표 답 풀이

(1) 백제는 마한에 속한 작은 나라였다.

(3) 유리왕은 고구려의 도읍을 국내성으로 옮겼다.

2. (1) – 주몽 – ㉁   (2) – 온조 – ㉢
(3) – 박혁거세 - ㉠

정답 풀이

(1) 고구려는 주몽이 압록강 유역의 졸본(㉁)에 도읍해 세운 나라이다.

(2) 백제는 온조가 한강 유역의 위례성(㉢)에 도읍해 세운 나라이다.

(3) 신라는 박혁거세가 경주 지역(㉠)에 세운 나라이다.

3. ②

오답 풀이

① 삼국 가운데 가장 먼저 세워진 나라는 신라이다.

③ 한반도 동남쪽에 치우쳐 자리한 나라는 신라이다.

④ 신라는 박혁거세가 경주 지역의 토착 세력과 함께 세운 나라이다.

⑤ 주몽은 압록강 유역의 졸본에 도읍해서 고구려를 세웠고, 그 후 유리왕이 국내성으로 도읍을 옮겼다.

4. ④

정답 풀이

④ 〈보기〉의 (가)~(다)는 고구려와 백제의 관계를 보여 주는 자료로, 백제와 중국의 교류에 관한 사실은 알 수 없다.

5.

삼국과 가야의 성립	고구려	- 주몽이 압록강 유역의 졸본에 세움.(기원전 37) - 유리왕이 국내성으로 도읍을 옮김. - 활발한 정복 활동을 벌이며 성장함.
	백제	- 온조가 한 강 유 역 의 위례성에 세움.(기원전 18) - 한강 유역에 자리 잡아 빠르게 성장함.
	신 라	- 박혁거세가 경주 지역에 세움.(기원전 57) - 한반도 동남쪽에 치우쳐 성장이 느렸음.
	가야	- 낙동강 유역의 작은 나라들이 연합해 연맹을 이룸. - 금관가야가 초기에 가야 연맹을 이끎. - 철 기 문 화 가 우수하고 농업이 발달함.

6. (1)

(2) 모범 답안

한강 유역은 **땅이 비옥해 농경이 발달했고, 육로와 바닷길이 모두 편리해서 다른 나라와 교류하기** 좋았습니다.

어휘

고구려 태조 왕 은 옥저 등을 정복해 영토를 넓혔어요.

고국천왕은 진대법 을 실시해 백성의 생활을 안정시켰어요.

미천왕 은 낙랑군을 정복해 한의 세력을 완전히 몰아냈어요.

소수림왕 은 율령을 반포하는 등 국가 체제를 정비했어요.

백제는 고이왕 때 체제를 정비하며 빠르게 발전했어요.

고이왕은 관등제 를 마련해 신하들의 서열을 정리했어요.

신라는 내물왕 때부터 김씨만 왕위를 물려받았어요.

왕을 부르는 호칭도 이사금에서 마립간 으로 높아졌어요.

독해

1. (1) ○ (2) ○ (3) ○ (4) ×

×표 답 풀이

(4) 신라는 내물왕 때부터 김씨만 단독으로 왕위에 오르게 되었다.

2. (1) – ⓒ (2) – ⓛ (3) - ㉠

정답 풀이

(1) 백제 고이왕은 관등제를 마련해 관직의 등급을 나누고 등급에 따라 관복의 색깔을 정했다(ⓒ).

(2) 신라 내물왕은 왕호를 이사금에서 대군장을 뜻하는 마립간으로 높였다(ⓛ).

(3) 고구려 소수림왕은 불교를 받아들이고 율령을 반포했다(㉠).

3. ⑤

정답 풀이

⑤ 고구려 17대 왕인 소수림왕은 불교를 받아들이고, 교육 기관인 태학을 세웠으며, 율령을 반포하는 등 국가 체제 정비에 힘썼다.

4. ①

오답 풀이

② 고구려 태조왕의 업적이다.

③ 백제 고이왕의 업적이다.

④ 고구려 미천왕의 업적이다.

⑤ 내물왕은 왕호를 이사금에서 마립간으로 바꿨으며, (가)에는 왕호가 아닌 왕위 상속에 관한 내용이 들어가야 한다.

5.

삼국의 성장	고구려	- 태조왕: 옥저를 정복함. - 고국천왕 : 5부를 행정적 성격으로 바꾸고, 진대법을 실시함. - 미천왕: 낙랑군을 정복함. - 소수림왕: 불교를 받아들이고, 태학 을 세우며, 율령을 반포함.
	백제	- 고이왕: 마한의 소국들을 정복하고, 관등제 를 마련함.
	신라	- 내물왕: 김씨만 왕위를 이어받게 하고, 왕호를 마립간 으로 높임.

6. (1) ㉠ 진대법

(2) **모범 답안**

고국천왕은 **백성의 생활을 안정시키는 동시에 왕권을 강화하기** 위해서 가난한 백성에게 곡식을 빌려주는 진대법을 실시했습니다.

어휘

삼국의 왕은 왕 위 부 자 상 속 으로 왕권을 강화했어요.

삼국의 왕은 관 등 제 를 마련해 신하들의 서열을 정리하며 왕권을 강화했어요.

삼국의 왕은 율 령 을 반포해 사회 질서를 바로 세우며 왕권을 강화했어요.

삼국의 왕은 불 교 를 받아들여 백성의 사상을 하나로 모으며 왕권을 강화했어요.

삼국은 처음에 연 맹 왕 국 으로 탄생했어요.

그러다 점차 왕 권 을 강 화 하며 국가 체제를 갖추었어요.

그리하여 삼국은 중 앙 집 권 국 가 로 발전했어요.

삼국의 왕은 강력한 왕권을 바탕으로 나라를 효율적으로 다스릴 수 있었어요.

독해

1. (1) ○ (2) × (3) ○ (4) ○

×표 답 풀이

(2) 삼국 중 가장 늦게 불교를 받아들인 나라는 신라이다.

2. (1) - ㉡ (2) - ㉢ (3) - ㉠ (4) - ㉣

정답 풀이

(1) 불교를 받아들이고 백성이 믿고 따르게 하여 백성의 마음을 모으고 왕권을 강화했다(㉡).

(2) 나라를 다스리는 법인 율령을 반포해 왕권을 강화했다(㉢).

(3) 관등제로 관직의 등급을 나눠 신하들의 서열을 정해서 질서를 바로잡고 왕권을 강화했다(㉠).

(4) 왕위 부자 상속으로 아들에게 왕위를 물려주어 왕권을 안정시켰다(㉣).

3. ④

정답 풀이

④ 신라는 6세기 법흥왕 때 귀족들의 반대를 극복하고 불교를 공인했다.

4. ④

정답 풀이

④ 왕위를 아들에게 물려주는 왕위 부자 상속은 (나) 중앙 집권 국가에서 이루어졌다. (가) 연맹 왕국은 가장 힘이 강한 부족의 대표가 왕위에 오르거나, 각 부족의 대표들이 뽑거나, 대표들이 돌아가며 왕이 되는 등 다양한 방법으로 왕을 정했다.

5.

삼국의 중앙 집권 국가로의 발전	
왕위 부자 상속	- 아 들 이 왕의 자리를 이어받음. - 고구려 고국천왕, 백제 근초고왕, 신라 눌지왕 때 이뤄짐.
관등제 마련	- 왕 아래로 신하들의 서열을 정리함. - 백제 고 이 왕 , 신라 법흥왕 때 마련함.
율령 반포	- 나라를 다스리는 기준을 법으로 만듦. - 고구려 소 수 림 왕 , 백제 고이왕, 신라 법흥왕 때 반포함.
불교 수용	- 백성의 마음을 모으고 왕의 권위를 높임. - 고구려 소수림왕, 백제 침류왕, 신라 법 흥 왕 때 받아들임.

6. (1) ㉠ 불교

(2) 모범 답안

삼국은 **백성의 마음을 하나로 모으고**, (백성이 왕을 부처와 같이 섬기도록 하여) **왕의 권위를 높이기** 위해서 불교를 받아들였습니다.

개념 정리

고구려　① 옥저　② 진대법　　　　중앙 집권 국가로의 발전　① 율령　② 불교
백제　　① 관등제
신라　　① 신라

탐구 독해

탐구
주제
1

1. ㉠ 백제

2. 모범 답안
왕이 특별한 존재라고 내세우기 위해서 왕이 알에서 태어났다는 이야기를 지었습니다.

탐구
주제
2

1. (㉢) → (㉡) → (㉠)

2. 모범 답안
유학을 배운 인재가 유능한 신하가 되어 왕이 나라를 잘 다스리도록 돕게 하기 위해서 태학을 세웠습니다.

탐구
주제
3

1. ㉠ 왕위 부자 상속
㉡ 관등제 마련
㉢ 불교 수용

2. 모범 답안
삼국은 중앙 집권 국가로 발전하는 과정에서 왕위 부자 상속을 이루고, 관등제를 마련했습니다. 또 율령을 반포하고 불교를 받아들였습니다.

탐구
주제
4

1. ㉠ 중앙 집권 국가
㉡ 연맹 왕국

2. 모범 답안
가야는 독자적인 철기 문화를 이뤄 주변 나라에도 영향을 줬고, 한반도에서 500년이 넘는 긴 역사를 이어 간 나라이기 때문입니다.

어휘

삼국 중 고구려는 4세기 말 　광　개　토　　대　왕　 때 영토를 크게 넓혔어요.

광개토 대왕은 먼저 백제를 공격해 　한　강　　북쪽 지역　을 차지했어요.

그리고 북쪽으로 후연, 거란 등을 공격해 　만　주　를 장악했어요.

이 무렵 신라를 도와 　왜　군　을 물리치고, 왜와 손잡은 금관가야도 공격했어요.

뒤를 이어 5세기에 　장　수　왕　은 남쪽으로 영토를 더욱 넓혔어요.

장수왕은 도읍을 　평　양　으로 옮기고 　남　진　　정　책　을 펼쳤어요.

그리하여 백제의 도읍인 　한　성　을 무너뜨리고 한강 유역을 모두 차지했어요.

이렇게 고구려는 만주에서 한반도 중부까지 넓은 영토를 차지했어요.

독해

1. (1) ○　(2) ×　(3) ○　(4) ×

×표 답 풀이

(2) 광개토 대왕은 신라를 도와 왜군을 물리쳤다.

(4) 장수왕은 백제의 도읍 한성을 공격하고 함락해 한강 유역을 모두 차지했다.

2. (1) ㉦, ㉢　(2) ㉠, ㉣

정답 풀이

(1) 광개토 대왕은 후연과 거란을 공격해(㉦) 요동을 비롯한 만주 지역을 대부분 차지했고, '영락'이라는 연호를 사용해(㉢) 고구려가 중국과 대등하다는 자신감을 드러냈다.

(2) 장수왕은 평양으로 도읍을 옮기고(㉠), 남진 정책을 펼쳐 백제를 공격하고 한성을 함락했다(㉣).

3. ②

정답 풀이

② 제시된 지도는 고구려 광개토 대왕과 장수왕 때의 영토 확장을 나타낸 지도이다. 광개토 대왕은 중국의 연호를 그대로 따르지 않고 '영락'이라는 고구려만의 연호를 사용해 자신감을 드러냈다.

4. ④

정답 풀이

④ 장수왕의 남진 정책에 관한 내용이 적혀 있는 비석은 충주 고구려비이다.

5.

고구려의 영토 확장	
광　개　토　　대　왕	장수왕
- 백제를 공격해 한강 북쪽 지역을 차지함. - 후연, 거란, 숙신, 동부여 등을 공격해 　만　주　지역을 대부분 차지함. - 신라를 도와 왜군을 물리침(400). - '영락'이라는 연호를 씀.	- 도읍을 　평　양　으로 옮김(427). - 남진 정책을 추진함. - 한성을 함락하고 　한　강　유역을 모두 차지함(475).

6. (1)

(2) **모범 답안**

신라와 백제는 **나제 동맹을 맺고 서로 군사를 보내 돕기로 했습니다.**

어휘

백제는 4세기 **근 초 고 왕** 때 세력을 크게 넓혔어요.

근초고왕은 남쪽으로 **마 한** 을 대부분 통합해 남해안까지 영토를 넓혔어요.

북쪽으로는 고구려의 **평 양 성** 을 공격해 황해도로 진출했어요.

그리고 넓어진 영토와 바닷길을 통해 **동 진** , 왜 등 주변 나라와 활발히 교류했어요.

하지만 5세기에 백제는 고구려에 한성을 빼앗기고, 도읍을 **웅 진** 으로 옮겼어요.

무 령 왕 은 백제를 일으키고자 22담로를 통해 지방을 통제하면서 왕권을 강화했어요.

이어서 **성 왕** 은 교통과 농업에 유리한 **사 비** 로 도읍을 다시 옮겼어요.

그 뒤 성왕은 신라와 손잡고 고구려를 공격해 **한강 하류 지역**을 차지했어요.

독해

1. (1) ○　(2) ✕　(3) ○　(4) ✕

✕표 답 풀이

(2) 백제의 도읍을 웅진으로 옮긴 것은 근초고왕 이후 5세기에 있었던 일이다.

(4) 22담로에 왕족을 보내 지방을 통제한 왕은 성왕이 아니라 무령왕이다.

2. (2) → (1) → (4) → (3)

정답 풀이

(2) 한성을 빼앗긴 백제가 웅진으로 도읍을 옮겼다. → (1) 성왕이 백제를 일으키고자 도읍을 사비로 옮겼다. → (4) 성왕은 신라와 함께 고구려를 공격해 한강 유역을 나눠 가졌다. → (3) 그러나 신라의 공격을 받아 한강 하류 지역을 다시 빼앗겼다.

3. ④

정답 풀이

④ 제시된 지도는 백제 근초고왕 때의 영토 확장과 주변 나라와의 교류를 나타낸 지도이다. 근초고왕 때는 백제가 신라와 연합해 고구려에 맞서지 않았다.

4. ②

오답 풀이

① 성왕은 사비로 도읍을 옮겼다.

③ 무령왕과 성왕은 중국, 왜 등과 활발히 교류했다.

④ 성왕이 관산성에서 전사하면서 백제는 신라에 패배했다.

⑤ 마한을 대부분 정복하고 고구려의 평양성을 공격한 것은 근초고왕의 업적이다.

5.

백제의 영토 확장		백제의 위기와 중흥 노력	
근초고왕의 영토 확장		백제의 위기	- 한성이 함락됨. → **웅 진** 으로 도읍을 옮김 (475).
- **마 한** 을 대부분 통합해 남해안까지 영토를 넓힘. - 고구려 평양성을 공격해 황해도 지역까지 진출함(371). - 중국의 동진, 왜와 활발히 교류함.		무령왕의 중흥 노력	- **2 2 담 로** 에 왕족을 보냄. - 영토 일부를 되찾음.
		성 왕 의 중흥 노력	- 사비로 도읍을 옮김(538). - 한때 한강 하류 지역을 차지함 (551).

6. (1)

(2) 모범 답안

사비는 **너른 평야가 있고 강이 흘러 농업과 교통에 모두 유리했기** 때문입니다.

어휘

신라는 6세기 **지 증 왕** 때 비로소 나라 이름을 '신라'로 정했어요.

뒤를 이은 **법 흥 왕** 은 율령을 반포하고 여러 제도를 마련했어요.

또한 이차돈의 도움으로 **불 교** 를 공인해 중앙 집권 체제를 완성했어요.

밖으로는 **금 관 가 야** 를 정복해 낙동강 하류까지 영토를 넓혔어요.

6세기 중반에 **진 흥 왕** 은 활발한 정복 활동을 펼쳤어요.

진흥왕은 고구려와 백제를 공격해 **한 강** 유역을 모두 차지했어요.

이어서 **대 가 야** 를 정복하고 가야 지역을 모두 차지했어요.

그리고 고구려를 공격해 **함 흥 평 야** 까지 나아가며 영토를 크게 넓혔어요.

독해

1. (1) ✕ (2) ◯ (3) ✕ (4) ◯

✕표 답 풀이

(1) 지증왕은 왕호를 마립간에서 '왕'으로 바꿨다.

(3) 대가야를 정복해 낙동강 유역을 장악한 왕은 진흥왕이다.

2. (2) → (3) → (4) → (1)

정답 풀이

(2) 지증왕이 우산국을 정복했다. → (3) 법흥왕이 금관가야를 정복했다. → (4) 진흥왕이 백제와 고구려를 공격해 한강 상류 지역을 차지하고, 다시 백제를 공격해 한강 유역을 모두 차지했다. → (1) 진흥왕은 그 후 대가야를 포함한 가야 연맹을 멸망시켰다.

3. ④

오답 풀이

① 신라의 국호를 확정한 왕은 지증왕이다.

② 병부를 설치해 군사력을 장악한 왕은 법흥왕이다.

③ 율령을 반포하고 불교를 공인한 왕은 법흥왕이다.

⑤ 농사에 소를 이용하게 하여 생산력을 높인 왕은 지증왕이다.

4. ④

정답 풀이

④ 진흥왕은 한강 상류 지역을 차지한 뒤 단양 신라 적성비를 세웠다. 백제로부터 한강 하류 지역을 빼앗아 한강 유역을 모두 차지한 다음에는 북한산 신라 진흥왕 순수비를 세웠다.

5.

신라의 체제 정비		신라의 영토 확장
지증왕	**법 흥 왕**	진흥왕
- 국호를 '신라'로 정함. - 왕호를 '왕'으로 바꿈. - 농사에 소를 이용하게 함. - **우 산 국** 을 정복함.	- 병부를 설치함. - 율령을 반포함. - 관등제와 골품제를 정비함. - 불교를 공인함. - 금관가야를 정복함(532).	- 고구려와 백제를 공격해 **한 강** 유역을 차지함 (554). - 대가야를 포함해 가야 연맹을 멸망시킴(562). - 함흥평야로 진출함. - **화 랑 도** 를 국가 조직으로 다시 만들고, 황룡사를 지음.

6. (1)

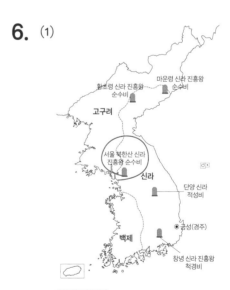

(2) 모범 답안

신라는 한강 유역을 차지하여 군사적·경제적으로 중요한 지역을 확보하고, **한강을 통해 중국과 직접 교류할 수 있게 되었습니다.**

어휘

삼국이 치열하게 경쟁할 무렵 낙동강 유역에서는 　가 야　연 맹　이 성장했어요.

초기에는 김해 지역의 　금 관 가 야　가 가야 연맹을 이끌었어요.

그러다 금관가야가 　고 구 려　의 공격을 받아 세력이 약해졌어요.

그러면서 후기에는 고령 지역의 　대 가 야　가 가야 연맹을 이끌었어요.

가야 연맹은 힘을 하나로 모으지 못하고 **연맹 왕국**에 머무른 채 약해졌어요.

금관가야가 신라 　법 흥 왕　에게 스스로 항복하며 멸망했어요.

이어서 대가야도 신라 　진 흥 왕　의 공격을 받아 멸망했어요.

나머지 나라들도 　신 라　에 흡수되면서 가야 연맹은 사라졌어요.

독해

1. (1) ○　(2) ○　(3) ○　(4) ✕

✕표 답 풀이

(4) 금관가야가 신라에 항복한 후, 대가야가 멸망했다.

2. (4) → (3) → (2) → (1)

정답 풀이

(4) 초기 가야 연맹을 이끌었던 금관가야가 고구려의 공격을 받아 큰 타격을 입었다. → (3) 후기 가야 연맹을 이끈 대가야가 세력을 넓혀 소백산맥 서쪽으로 진출했다. → (2) 532년 금관가야가 신라에 항복하며 멸망했다. → (1) 562년에는 대가야가 신라의 공격을 받아 멸망했다.

3. ④

정답 풀이

④ 가야 연맹은 소국마다 권력을 따로 가지고 있었기 때문에 주변 나라의 공격을 받았을 때 함께 힘을 모으지 못했다.

4. ④

정답 풀이

④ 가야 연맹에서 만든 질 좋은 철기는 낙랑, 왜 등으로 수출되었다. 낙랑과 왜 등으로부터 철기 문화를 받아들였다는 내용은 나와 있지 않다.

5.

가야 연맹의 세력 변화	가야 연맹의 멸망

6. (1)

(2) 모범 답안

고구려가 신라에 침입한 왜군을 물리치는 과정에서 금관가야도 함께 공격을 받아 큰 타격을 입었기 때문입니다.

개념 정리

고구려	① 만주	② 한성
백제	① 마한	② 사비
신라	① 한강	② 대가야

탐구 독해

탐구 주제 1

1. 천제(하늘)의 아들, 영락

2. 모범 답안
고구려가 만주에서 한반도 중부에 이르는 광활한 영토를 차지했고, 중국과 어깨를 나란히 할 만큼 세력이 강했기 때문입니다.

탐구 주제 2

1. 한강

2. 모범 답안
한강 유역은 땅이 비옥해 농업에 유리했고, 바닷길을 통해 다른 나라와 교류하기 좋았기 때문입니다.

탐구 주제 3

1. (1) - ㉢
(2) - ㉠
(3) - ㉡

2. 모범 답안
골품에 따라 오를 수 있는 관직이 정해져 있었습니다.

탐구 주제 4

1. ㉠ 금관가야
㉡ 진흥왕

2. 모범 답안
6세기 이후, 가야 연맹은 하나의 왕 아래 힘을 하나로 모으지 못한 채로 백제와 신라의 압박을 받아 세력이 약해졌습니다.

어휘

삼국 시대 사람들은 **신분**에 따라 의식주 생활 모습이 달랐어요.

왕족과 귀족은 주로 화려한 | 비 | 단 | 옷 | 을 입었고, 귀한 쌀을 먹었어요.

한편 평민은 주로 거친 | 삼 | 베 | 옷 | 을 입었고, 보리, 조, 콩 같은 | 잡 | 곡 | 을 먹었어요.

또 왕족과 귀족은 주로 | 기 | 와 | 집 | 에 살았고, 평민은 | 초 | 가 | 집 | 이나 움집에 살았어요.

삼국 시대 사람들은 나라와 시기마다 다른 모습의 **고분**을 만들었어요.

고구려와 백제는 초기에 돌을 쌓아 | 돌 | 무 | 지 | 무 | 덤 | 을 만들었어요.

신라는 초기에 | 돌 | 무 | 지 | 덧 | 널 | 무 | 덤 | 을 만들었어요.

후기에는 | 굴 | 식 | 돌 | 방 | 무 | 덤 | 을 만들었고, 백제는 | 벽 | 돌 | 무 | 덤 | 도 만들었어요.

독해

1. (1) ○ (2) ○ (3) ✕ (4) ○

×표 답 풀이

(3) 고구려와 백제는 초기에 돌무지무덤을 주로 만들었고, 신라는 돌무지덧널무덤을 주로 만들었다.

2. (1) ⓛ → ⓒ   (2) ⓛ → ㉠, ⓒ   (3) ㉣ → ⓒ

정답 풀이

(1) 고구려는 초기에 돌무지무덤(ⓛ)을 만들다가 4세기 이후 굴식 돌방무덤(ⓒ)을 만들었다.

(2) 백제는 초기에 돌무지무덤(ⓛ)을 만들다가 웅진으로 도읍을 옮긴 이후 굴식 돌방무덤(ⓒ)을 만들었고, 중국 남조의 영향을 받아 벽돌무덤(㉠)을 짓기도 했다.

(3) 신라는 초기에 돌무지덧널무덤(㉣)을 만들다가 6세기 이후 굴식 돌방무덤(ⓒ)을 만들었다.

3. ⑤

오답 풀이

①, ②, ③, ④ 삼국 시대 왕족과 귀족의 생활 모습이다.

4. ④

정답 풀이

④ 〈보기〉에서 설명하는 고구려 무용총의 고분 벽화가 중국 남조의 영향을 받았다는 내용은 나와 있지 않다. 중국 남조의 영향을 받았다고 설명한 것은 백제의 벽돌무덤이다.

5.

삼국의 의식주 생활 : 신분에 따라 다름.		삼국의 고분 문화 : 나라와 시기마다 모습이 다름.	
왕족과 귀족	- 집: 주로 기와집에 삶. - 옷: 주로 비 단 옷 을 입고, 장신구로 꾸밈. - 식사: 쌀밥을 먹고, 고기와 생선도 자주 곁들임.	고구려	- 돌무지무덤 → 굴 식 돌 방 무 덤 - 고분 벽화가 많이 발견됨.
		백제	- 돌무지무덤 → 굴식 돌방무덤, 벽 돌 무 덤 - 다른 나라 관련 물건이 발견됨.
평민	- 집: 주로 초가집과 움집에 삶. - 옷: 주로 삼베옷을 입음. - 식사: 주로 잡곡을 먹음.	신라	- 돌무지덧널무덤 → 굴식 돌방무덤 - 돌무지덧널무덤은 도굴이 어려움.

6. (1) (돌무지무덤 , (돌무지덧널무덤) , 굴식 돌방무덤)

(2) **모범 답안**

돌무지덧널무덤에는 입구를 만들지 않았기 때문에 도굴이 어려워 유물이 잘 보존될 수 있었습니다.

어휘

삼국은 적극적으로 불교를 받아들이며 **불 교 문 화** 를 발전시켰어요.

고구려의 대표적인 불상으로 **금 동 연 가 7 년 명 여 래 입 상** 이 있어요.

백제의 **익 산 미 륵 사 지 석 탑** 은 현재 남아 있는 가장 크고 오래된 석탑이에요.

신라에서는 거대한 사찰인 **황 룡 사** 를 지어 불교를 장려했어요.

삼국 시대에는 중국에서 **유 학** 이 전해져 학문이 발달했어요.

고구려에서는 **태 학** 을 세우고 백제에서는 **오 경 박 사** 를 두어 유학을 가르쳤어요.

또 **임 신 서 기 석** 을 보면 신라에도 유학이 전해졌다는 것을 알 수 있어요.

한편 삼국 시대에 **도 교** 도 전해져 신선 사상이 유행했어요.

독해

1. (1) ○ (2) × (3) ○ (4) ×

×표 답 풀이

(2) 서산 용현리 마애 여래 삼존상은 백제를 대표하는 불상으로, '백제의 미소'라고도 불린다.

(4) 삼국 시대에는 도교가 귀족들에게 환영을 받았다.

2. (1) ㉤, ㉻ (2) ㉠, ㉢ (3) ㉡, ㉣

정답 풀이

(1) 익산 미륵사지 석탑(㉤)은 백제의 석탑이고, 금동 연가 7년명 여래 입상(㉻)은 고구려의 불상으로, 불교 문화유산이다.

(2) 태학(㉠)은 고구려의 유학 교육 기관이고, 임신서기석(㉢)은 신라의 두 청년이 유학 공부를 다짐한 내용을 새긴 비석이다.

(3) 사신도(㉡)는 도교의 신을 그린 그림이고, 산수무늬 벽돌(㉣)은 도교의 이상 세계를 담은 백제의 문화유산이다.

3. ③

정답 풀이

③ 불교는 삼국이 중앙 집권 국가로 나아가는 데 큰 역할을 했다. 규범을 만들거나 인재를 기르는 데 영향을 준 것은 유학이다.

4. ④

오답 풀이

① '백제의 미소'라는 별명을 가진 것은 서산 용현리 마애 여래 삼존상이다.

② (나)는 도교와 관련된 유물이고, 삼국의 중앙 집권과 관련 있는 것은 불교이다.

③ (나)는 고구려에 도교가 전해졌음을 보여 주는 유물이다.

⑤ (가)와 (나)는 유학이 아니라 도교와 관련된 유물이다.

5.

삼국의 불교문화		유학과 도교의 수용	
사찰	- 백제: 미륵사 - 신라: **황 룡 사**	유학	- 고구려: 태학을 세워 가르침. - 백제: **오 경 박 사** 를 두어 가르침. - 신라: 임신서기석에 유학을 공부하겠다는 다짐을 남김.
탑	- 백제: 익산 미륵사지 석탑, 부여 정림사지 5층 석탑 - 신라: 경주 분황사 모전 석탑	도교	- 귀족들에게 신선 사상이 유행함. - 고구려: **사 신 도** 를 고분 벽화에 그림. - 백제: 산수무늬 벽돌, 백제 금동 대향로에 신선 세계를 표현함.
불상	- 고구려: **금 동 연 가 7 년 명** 여래 입상 - 백제: 서산 용현리 마애 여래 삼존상 - 신라: 경주 배동 석조 여래 삼존 입상		

6. (1) (불교 , (유학) , 도교)

(2) 모범 답안

고구려, 백제뿐만 아니라 **신라 사람들도 유학을 공부했다는 사실**을 알 수 있습니다.

어휘

삼국은 **중국**과 활발히 교류하며 문화를 발전시켰어요.

삼국은 중국으로부터 **유 학** 과 **불 교** 등 새로운 문물을 받아들였어요.

삼국은 멀리 **서 역** 과도 교류했어요.

아프라시아브 궁전 벽화나 신라의 **경주 계림로 보 검** 등을 보고 알 수 있지요.

고구려의 **담 징** 은 일본에 종이와 먹을 만드는 기술을 가르쳐 주었어요.

백제는 일본에 학자와 승려, 기술자를 보내 **유 학** 과 불교, 다양한 기술을 전해 주었어요.

신라는 일본에 배 만드는 기술과 **둑** 쌓는 기술을 전해 주었어요.

가야가 일본에 전해 준 토기 제작 기술은 **스 에 키** 에 큰 영향을 주었어요.

독해

1. (1) ○ (2) ○ (3) ✕ (4) ✕

×표 답 풀이

(3) 일본에 배를 만드는 기술과 둑 쌓는 기술을 알려 준 나라는 신라이다.

(4) 가야는 일본뿐만 아니라 중국과도 바닷길을 통해 교류했다.

2. (1) - ㉠ (2) - ㉡ (3) - ㉢

정답 풀이

(1) 삼국은 중국으로부터 유학과 불교 등을 받아들였다(㉠).

(2) 서역에 있는 아프라시아브 궁전 벽화에는 고구려와 교류한 흔적이 남아 있다(㉡).

(3) 일본은 삼국과 가야의 문화를 받아들여 아스카 문화를 꽃피웠다(㉢).

3. ②

정답 풀이

② 가야는 일본에 철기 문화와 토기 제작 기술을 전해 주었다.

4. ④

오답 풀이

① (가)는 옛날에 서역에 속했던 우즈베키스탄 사마르칸트에 있는 궁전에 그려진 벽화이다.

② (나)는 신라의 고분에서 발견된 서역 양식의 보검이다.

③ (가)는 고구려가 서역과 교류한 사실을 보여 준다.

⑤ (가)와 (나)는 삼국이 서역과 교류한 사실을 보여 준다.

5.

삼국과 가야의 대외 교류		
중국과의 교류	서역과의 교류	일본과의 교류
- 고구려: 중국 북조와 주로 교류함. - 백제: 중국 남조와 주로 교류함. - **신 라** : 한강 유역을 차지한 후부터 중국과 직접 교류함. - 가야: 바닷길을 통해 교류함.	- 아프라시아브 궁전 벽화: **고 구 려** 와 서역의 교류를 보여 줌. - 경주 계림로 보검: 신라와 서역의 교류를 보여 줌.	- 고구려: 담징이 종이, 먹 만드는 방법을 전함. - **백 제** : 유학과 불교를 알리고 기술 발전을 도움. - 신라: 배 만드는 기술과 둑 쌓는 기술을 전함. - **가 야** : 철기 문화, 토기 제작 기술을 전함.

6. (1) ㉠ **고구려** ㉡ **신라**

(2) 모범 답안

일본은 삼국과 가야의 문화를 받아들여 **아스카 문화를 꽃피웠습니다.**

개념 정리

삼국의 고분	① 돌무지무덤 ② 돌무지덧널무덤 ③ 굴식 돌방무덤
삼국의 불교문화	① 익산 미륵사지 석탑 ② 황룡사
삼국의 대외 교류	① 계림로 보검 ② 유학 ③ 담징
삼국의 유학 발달	① 태학 ② 임신서기석

탐구 독해

탐구 주제 1

1. ㉠ 고분 벽화
㉡ 금

2. 모범 답안
백제가 중국 남조와 일본 등 주변 나라와 활발하게 교류했다는 사실을 알 수 있습니다.

탐구 주제 2

1. ㉠ 익산 미륵사지 석탑

2. 모범 답안
선덕 여왕은 백성의 마음을 모으고, 불교의 힘으로 주변 나라를 물리치기 위해 황룡사 9층 목탑을 세웠습니다.

탐구 주제 3

1. ㉠ 신라
㉡ 도교
㉢ 유학

2. 모범 답안
삼국에서 도교는 귀족을 중심으로 퍼졌고, 특히 신선 사상이 유행했으며, 도교의 이상 세계를 담은 예술 작품도 만들어졌습니다.

탐구 주제 4

1. ㉠ 토기 제작

2. 모범 답안
일본 미술이 고구려 미술의 영향을 받았다는 것을 알 수 있습니다.